Études Percheronnes
N° 3

GEORGES CRESTE

# LES PAPIERS - MONNAIE

## ÉMIS A MORTAGNE

## PENDANT LA RÉVOLUTION

BELLÊME

IMPRIMERIE DE EUGÈNE LEVAYER

1913

# LES PAPIERS-MONNAIE

ÉMIS A MORTAGNE

PENDANT LA RÉVOLUTION

Etudes Percheronnes
N° 3

GEORGES CRESTE

# LES PAPIERS - MONNAIE

## ÉMIS A MORTAGNE

## PENDANT LA RÉVOLUTION

BELLÊME

IMPRIMERIE DE EUGÈNE LEVAYER

1913

# LES PAPIERS-MONNAIE

## ÉMIS A MORTAGNE

### PENDANT LA RÉVOLUTION

---

I

### Assignats. — Billets de confiance

Le 19 décembre 1789, pour faire face aux embarras croissants du trésor public, un décret de l'Assemblée constituante établit une nouvelle caisse d'État qualifiée « Caisse extraordinaire ». Elle devait recevoir les dons patriotiques et les fonds provenant de la vente du domaine de la Couronne et des biens ecclésiastiques dont l'aliénation était en même temps ordonnée jusqu'à concurrence d'une somme de 400 millions.

En représentation du produit de ces ventes, il était émis des « assignats » pour une somme égale « lesquels devaient être admis de préférence dans l'achat des dits biens. »

Les dates prévues pour leur extinction étaient les suivantes : on rembourserait 120 millions en 1791 — 100 millions en 1792 — 80 millions en 1793, — 80 millions en 1794 et le surplus en 1795.

Telle fut l'origine des assignats.

Leur création résultait d'une conception qui pouvait se défendre au point de vue financier, puisqu'ils constituaient des titres gagés sur la « Caisse extraordinaire »; ils devaient être à ordre et productifs d'intérêt à 5 pour 100. L'abus formidable qui en fut fait par la suite devint fatal aux finances de la Révolution et la conduisit à la banqueroute.

La première émission, réglée par décret du 16 avril 1790, comprenait trois valeurs, 1.000, 300 et 200 livres; en même temps, on réduisait l'intérêt à 3 pour 100 et on décidait que les nouveaux papiers « auraient cours entre toutes « personnes dans toute l'étendue du royaume et seraient « reçus comme espèces sonnantes dans toutes les caisses « publiques et particulières. »

Un autre décret du 9 octobre suivant supprima, à partir du 16 de ce mois l'intérêt, qui leur était attribué et, le 16 novembre suivant, l'Assemblée ordonna qu'ils cesseraient d'être à ordre et seraient payables au porteur; ils devenaient dès lors du simple papier monnaie.

Le 29 septembre 1790 eut lieu une deuxième émission de valeurs échelonnées entre 2.000 livres et 50 livres.

Cependant la situation monétaire, déjà difficile au début de la Révolution, n'avait cessé de s'aggraver. A la suite des premiers excès commis, l'inquiétude s'était répandue un peu partout et les gens riches ou bien avaient emporté leur argent en émigrant ou bien le tenaient soigneusement caché, d'où une rareté dans la circulation des espèces d'or et d'argent qui alla s'accentuant de plus en plus et gagna même la monnaie de bronze.

En créant les assignats, l'Assemblée nationale avait cherché avant tout à procurer au trésor des ressources nouvelles; elle n'avait pas prévu que leur apparition rendrait l'état de chose encore plus critique. Ce fut pourtant ce qui arriva et bientôt les assignats remplacèrent presque complètement la monnaie.

Un député de Saumur, M. de Cicongne, le constatait dans un mémoire qu'il adressait au Comité des finances de l'Assemblée, à la fin du mois d'avril 1790 : il s'élevait en ces termes contre l'agiotage éhonté auquel donnait lieu à ce moment-là le commerce de l'argent (1).

« Malgré les efforts de la Nation, le public est victime
« de l'agiotage.

« La cupidité et les ennemis de la Constitution conti-
« nuent à enfouir le numéraire, pour ne le faire paraître
« qu'à l'encan et le vendre au taux de l'usure la plus
« révoltante.

« La défiance, que l'on a d'abord répandue sur la réus-
« site de nos opérations, a commencé la retraite du numé-
« raire ; l'appât d'un gain rapide et connu a continué
« l'agiotage ; le marchand qui vend et reçoit en détail,
« instruit par les opérations de capitalistes peu délicats,
« s'y est livré ; enfin la vente de l'argent était publique,
« lorsque le peuple, sur qui pesoit ce fardeau, s'est révolté
« contre les agens de ce nouveau commerce ; mais quelle
« a été l'issue de cette insurrection ?... La retraite des
« vendeurs publics, sans offrir des échangeurs patriotes
« et désintéressés, a renfermé ce trafic illicite dans l'obs-
« curité ; en ôtant la concurrence, elle a laissé la liberté
« de vexer dans les ténèbres le malheureux qui est obligé
« d'échanger des billets de caisse ou des assignats pour
« de l'argent. Paris gémit sous cette oppression et la
« Province sera bientôt dans un état plus déplorable
« encore. »

Pour remédier « à cet abus dévorant » M. de Cicongne proposait deux moyens :

1° Émettre des « coupons d'assignats »; mais, ajoutait-il, la prudence doit « conduire cette opération, en combiner
« le plan qui, sans augmenter la masse de papier-mon-
« naie, doit suppléer momentanément au numéraire et

---

(1) *Projet de coupons d'assignats et d'un bureau de confiance pour leur distribution, par M. De C... Député de Saumur à l'Assemblée nationale.* — A Paris, de l'Imprimerie nationale.

« servir de stimulant pour le faire reparoître, de façon
« qu'il chasse à son tour les coupons qui s'anéantiront
« d'eux-mêmes. »

2° Établir à Paris et dans les villes importantes (lesquelles souffraient plus particulièrement de l'état de choses) « un *Bureau de confiance*, régi par la Municipalité
« qui l'inspectera soigneusement. Tout particulier qui
« manquera de numéraire, y pourra déposer des assi-
« gnats ; on lui délivrera en échange des coupons de
« 5 l., 10 l., 20 l., 30 l., pour le montant de la valeur
« acquise des dits assignats au jour du dépôt.

« Il sera libre à chaque particulier chargé de ces cou-
« pons, de les rendre au Bureau de confiance où on les
« recevra, en délivrant, pour leur montant, des assignats
« pour leur valeur acquise au jour de la délivrance » (1).

Et l'honorable représentant résumait ainsi les avantages de sa proposition :

« Rien ne prouve plus évidemment le besoin général,
« que la demande du public. Toutes les classes de citoyens
« demandent des coupons ou du numéraire : ne pouvant
« procurer ce dernier, on ne peut plus différer l'émission
« des autres ; ils feront cesser cet agiotage infâme et des-
« tructeur. Le peuple aura un numéraire nouveau, qui
« ne lui coûtera rien ; il facilitera les payements et les
« appoints ; il fera disparaître la perte que le papier sur
« Paris essuie sur toutes les places du Royaume ; il rani-
« mera la circulation intérieure qui nous est si néces-
« saire ; l'or et l'argent, devenus oisifs et sans trafic
« usuraire, sortiront d'eux-mêmes de leur retraite, et
« chercheront un bénéfice dans les assignats ; rentrés
« dans la circulation, ils chasseront à leur tour les cou-
« pons, dont il ne se trouvera jamais de répandu plus
« que les besoins urgens. »

Il ne fut donné aucune suite au projet de M. de Cicongne

---

(1) M. de Cicongne écrivait son mémoire avant qu'on eût supprimé les intérêts auxquels les assignats avaient primitivement droit.

qui le présentait au moment où il n'existait que trois valeurs d'assignats dont la plus petite était de 200 livres. Nous avons dit qu'au mois de septembre suivant on avait émis des valeurs moindres jusqu'à un minimum de 50 livres; mais cette mesure était encore insuffisante et l'Assemblée décida, le 6 mai 1791, la création de 100 millions de coupures de 5 livres qui d'ailleurs ne firent leur apparition que quatre mois après, en septembre.

Le but de cette création avait été de fournir au commerce la monnaie d'appoint qui lui manquait et de remplacer d'autres petites valeurs qui, depuis un certain temps, s'étaient répandues dans le public.

Nous voulons parler de la monnaie de papier, due à l'initiative privée, qui circulait dans presque tous les départements sous le nom de *billets de confiance, patriotiques ou de secours*.

Elle était née spontanément, par la force des choses, et s'était rapidement accrue dans les villes grandes et petites, dans les chefs-lieux de canton et même dans les communes, sans que les pouvoirs publics, absorbés par d'autres soins, s'en fussent occupés ni qu'ils eussent pensé à l'interdire, tant elle répondait à un réel besoin.

Les émetteurs particuliers, isolés ou réunis en sociétés, appliquaient sans les connaître les idées de M. de Cicongne. Ils donnaient de petits papiers, imprimés ou manuscrits, portant leur signature et la mention de valeur variant de plusieurs livres à quelques sols et même au-dessous. Ces billets étaient remis comme monnaie, en échange d'assignats, et devaient être remboursés à vue lorsque leurs porteurs venaient reprendre des assignats.

Ce système, très simple en apparence, devait entraîner dans la pratique de nombreuses difficultés ; peut-être eût-il été possible de les éviter par une réglementation avisée et c'était l'idée qui avait guidé *M. de Montesquiou*, député à l'Assemblée nationale.

Il avait proposé, dans la séance du 17 mai 1791, « d'ap-
« prouver les établissements particuliers qui, sous la
« surveillance des corps administratifs se chargeraient
« de mettre en émission des assignats de cinq livres et
« de les donner en échange contre des assignats natio-
« naux, à la charge par eux de fournir des cautionne-
« ments suffisants pour la sûreté de leur gestion. »

Il demandait en outre que l'on fît fabriquer de la monnaie de cuivre pour 40 millions et les établissements, émetteurs des petits assignats, auraient l'obligation d'acquérir la quantité de sous nécessaires pour entretenir l'échange à bureau ouvert des dites fractions d'assignats contre des sous (1).

L'Assemblée n'adopta point cette proposition ; mais, sans donner aux billets de confiance l'autorisation expresse qu'on avait réclamée pour eux, ce qui dans une certaine mesure eût pu entraîner la responsabilité de l'État, elle reconnut cependant les services que le public en retirait en les faisant profiter d'une exception aux prescriptions de la loi fiscale et elle décréta :

« Que les billets de 25 livres et au-dessous souscrits
« par des particuliers ; et échangés à vue contre des assi-
« gnats ou de la monnaie de cuivre, à la volonté des
« porteurs seraient exempts du droit de timbre. »

En échange de cette faveur, il eût été naturel de prescrire des mesures pour entourer les émissions de certaines garanties ; on n'y songea point et, en présence de l'encouragement qui venait de leur être donné, et peut-être aussi en raison de l'entière latitude que laissait l'absence de tout contrôle, les caisses particulières se multiplièrent ;

---

(1) Mentionnons aussi à titre de curiosité une proposition faite, à la séance du 21 mai 1791, par *M. de Crillon*, député de Troyes, d'un système conçu par le citoyen Chauvet, de Bordeaux, pour procurer de la monnaie aux porteurs d'assignats.

Il consistait à tracer, au dos des assignats de 50 livres, un tableau divisé en huit parties égales ; dans chaque division on aurait inscrit les numéros de chaque coupon depuis 1 jusqu'à 8 et la somme de 6 l. 5 s. formant le huitième (à peu près) de la valeur de l'assignat. En découpant ces divisions le porteur faisait lui-même sa monnaie.

Malgré son ingéniosité ce projet ne fut pas goûté.

mais en même temps apparurent les défauts de l'institution dont un des plus graves consistait en ce que, dans plus d'un cas, les émetteurs de billets manquaient de toutes surfaces et ne trouvaient là qu'un moyen de se procurer des ressources pour leurs besoins personnels.

Les préoccupations qui agitaient en ce moment les esprits se trouvent exprimées dans un document émanant de la municipalité de l'Aigle, l'une des villes où la production des billets de confiance avait été la plus nombreuse et où les abus s'étaient révélés d'une manière particulière.

Le Bureau municipal de la commune de l'Aigle fit passer à MM. les Maire et Officiers municipaux de la ville de Paris le message suivant, adressé par l'intermédiaire de Pétion, représentant du département d'Eure-et-Loir.

Messieurs,

Un particulier a-t-il le droit d'émettre dans le public pour des sommes indéfinies des billets connus sous la dénomination de Bons Patriotiques ? La somme à émettre par la voye de ces billets doit-elle être circonscrite ? Un particulier peut-il se permettre une opération de cette espèce sans présenter un cautionnement qui assure une responsabilité au moyen de laquelle la confiance publique ne pouvait être trompée ? à qui appartient-il de le demander ? l'Administration municipale a-t-elle celui de l'exiger ? En supposant qu'elle en ait le droit, peut-elle arrêter ou défendre l'émission ultérieure de ces papiers à tout individu qui n'aurait pas rempli cette forme ou refuserait de s'y soumettre ? Dans tous les cas cy dessus jusqu'où peut aller et où doit s'arrêter l'autorité et la surveillance du Corps municipal ?

La loi, Messieurs, est muette sur cette matière importante, sans doute parce que le législateur n'a ni prévu ni pu prévoir ce qui arrive aujourd'huy, la profusion avec laquelle se répand cette sorte de papiers. C'est dans l'embarras où jette son silence à cet égard que l'Assemblée du Conseil Général de la commune de l'Aigle a chargé le Bureau Municipal d'avoir l'honneur de vous soumettre à vous Messieurs, nos maîtres en administration les questions ci-dessus. Nous ne doutons pas que ces objets ne vous paraissent dignes de votre sollicitude, et nous avons la confiance de nous faire un titre de celle avec laquelle nous veillons aux intérêts publics et particuliers pour réclamer auprès de vous une décision qui éclaire et dirige la marche que nous avons à tenir dans des circonstances aussi difficiles.

L'Aigle ce 25 janvier l'an 4 de la liberté 1792.

Les Membres composant le bureau municipal de la commune de l'Aigle.

LEMARIGNIER, DAVIAT DU CLOSNEUF, SAILLAND,
Le Maire de Laigle, TAILLEFER.

MM. les Maire et Officiers municipaux de la Ville de Paris (1).

Nous ignorons quelle réponse fut faite par la municipalité de Paris à celle de l'Aigle, mais par ailleurs l'Assemblée législative, qui avait remplacé l'Assemblée nationale, s'était décidée à parer aux difficultés de la situation en créant des coupures d'assignats, et elle avait ordonné le 4 janvier 1792 une émission de 400 millions d'assignats de 10 sols, 15 sols, 25 sols et 50 sols ; de la sorte, pensait-on, les billets de confiance n'auraient plus de raison d'être. Cependant le Gouvernement se trouva dans l'impossibilité matérielle de faire fabriquer sur l'heure la quantité énorme des petites coupures à émettre et leur apparition en fait n'eut lieu qu'au mois de septembre 1792.

Les dangers de la situation subsistèrent donc, et les municipalités, responsables de l'ordre public qu'un pareil

---

(1) *Archives nationales*, D. VI, 1, 77, EE.
Le message de Pétion fut communiqué au Comité des finances par la lettre suivante :

Paris le 30 janvier 1792, 4e de la liberté.

Messieurs,

J'ai l'honneur de vous faire passer l'espèce de consultation demandée à la Municipalité de Paris par la Municipalité de l'Aigle. Il n'y a, Messieurs, que ce que vous ferez décréter par l'Assemblée nationale à l'égard des Billets de confiance qui puisse satisfaire aux questions des officiers municipaux de l'Aigle. Permettez-moi de recommander cet objet important à votre surveillance et de vous prier d'accélérer autant que vos immenses occupations pourront vous le permettre le travail relatif aux Billets de confiance.

(Signé) PÉTION.

MM. du Comité de l'Extraord<sup>re</sup> des finances de l'Assemblée Nat<sup>le</sup>.
*Archives nationales*, D, VI, 1.

état de choses pouvait troubler profondément, prirent le parti d'émettre elles-mêmes des billets (1).

L'Assemblée encouragea cette initiative et crut d'autre part pouvoir prendre à l'égard des caisses patriotiques ouvertes par les particuliers une décision définitive. Elle les interdit formellement et chargea les municipalités de procéder à leur liquidation. (Décret des 30 mars-1er avril 1792.)

« Dans le jour de la publication du présent décret,
« porte l'art. 1er, les municipalités seront tenues de véri-
« fier l'état des caisses patriotiques ou de secours qui
« ont émis des billets de confiance, de secours patrio-
« tiques, ou tout autre dénomination de 25 livres et

---

(1) Voici des détails pittoresques sur la faveur qu'obtinrent les billets de confiance et sur l'empressement que le public mettait à s'en procurer : nous les trouvons dans une lettre faisant partie d'une suite de correspondances adressées par une dame anglaise (restée anonyme) qui voyageait en France de 1792 à 1795 et écrivait à ses amis d'Angleterre :

« *Mai 1792.*

« Vous qui vivez dans un pays de guinées, de shillings et de pences, vous n'avez pas idée de notre embarras depuis que nous sommes privés d'espèces. Notre seule monnaie courante consiste en assignats de 5, 50, 100, 200 livres et au-dessus. Si nous faisons des achats, il faut accommoder nos besoins à la valeur de notre assignat ; sans cela nous sommes forcés de relevoir au marchand ou c'est le marchand qui nous doit. « Enfin, me disait hier une vieille femme, il y a de quoi faire perdre la tête et, si cela dure, ce sera ma mort. » — Depuis quelques jours, les municipalités ont tenté de remédier à cet inconvénient en créant de petits billets de 5, 10, 15 et 20 sous, qu'elles donnent en échange des assignats de cinq livres. Mais le nombre de ces papiers, appelés *billets de confiance*, est limité, et la demande en est si grande que, les jours où ils sont émis, l'Hôtel de Ville est assiégée par une foule de femmes venues de tous les points du district : paysannes, petites marchandes, servantes, et enfin (ce ne sont pas les moins formidables) les poissardes. Elles prennent généralement leur place deux ou trois heures avant l'ouverture, et l'intervalle est employé à discuter les nouvelles et à exécrer le papier-monnaie. — Mais la scène dont on est témoin lorsqu'enfin la porte s'ouvre défie tout langage, et il faudrait le crayon d'Hogarth pour la rendre fidèlement. J'ose dire que la tour de Babel était comparativement un lieu de retraite et de silence. On n'entend que clameurs, injures et discussions ; on se prend les cheveux, on se casse la tête et, après avoir perdu une demi-journée et une partie de leurs vêtements, les combattantes se retirent avec quelques contusions et cinq ou dix livres de petits billets, leur seule ressource pour continuer leur pauvre commerce la semaine suivante. Je crois que le papier a bien contribué à dépopulariser la révolution. Lorsque j'ai besoin d'acheter quelque chose, le vendeur répond à mes questions en me demandant d'un ton triste : « En papier, madame ? » et le marché se conclut avec une réflexion mélancolique sur la dureté des temps. » (*Un séjour en France de 1792 à 1795. Lettres d'un témoin de la Révolution française*, traduite par H. Taine. — Paris, Hachette, 1908, p. 5, 6 et 7.

« au-dessous, ainsi que des gages qui devaient en
« répondre. »

Le montant des billets émis devaient être constatés et on devait exiger la représentation des fonds existants dans les caisses ou autres valeurs formant les gages des émissions.

*La fabrication et l'émission des billets étaient désormais prohibées*, toutes mesures nécessaires devaient être prises pour les empêcher (art. 2).

Par contre, on reconnaissait et autorisait « les caisses
« qui étaient ou *seraient directement établies par les muni-*
« *cipalités* et autres corps administratifs, ou sous leur
« surveillance immédiate et dont les fonds représentatifs
« étaient ou seraient déposés en assignats ou numé-
« raires (art. 3). »

Les caisses ainsi autorisées devaient être elles-mêmes vérifiées « au moins une fois tous les huit jours, savoir
« par les *directeurs de district* (1) dans les lieux de leur
« établissement, et par les *corps municipaux* dans les
« autres communes ». Procès-verbaux en devaient être dressés et envoyés de suite aux Directoires du Département et par celui-ci au Ministre de l'Intérieur (art. 4).

Les corps municipaux ne paraissent pas avoir mis beaucoup d'empressement à exécuter ce décret dans ses dispositions concernant les caisses particulières, et, le 8 juin 1792, *Roland*, ministre de l'Intérieur, s'en plaignait dans une circulaire adressée aux administrateurs des départements.

« Il importe, disait-il, d'arrêter dans ses accroissements
« un torrent qui déjà inondait tout le royaume.
« Le peuple avait besoin de petite monnaie pour des
« achats journaliers, et des hommes cupides, abusant de
« sa confiance, portaient des coups funestes au crédit
« public. La quantité excessive d'un numéraire devenu
« suspect élevait le prix des consommations. La plupart

---

(1) Nous croyons utile de rappeler les diverses organisations des Corps administratifs qui se succédèrent de 1789 à 1800 ; nous les avons résumées dans une *Note* que l'on trouvera à la fin de cette étude, avant les Pièces justificatives.

« des Caisses ne conservaient point en dépôt les assi-
« gnats représentatifs de leurs billets ».

Le Ministre demandait qu'on l'informât des vérifications faites et enjoignait aux municipalités, qui n'auraient pas satisfait à la loi, de s'y conformer immédiatement.

Cette circulaire fut confirmée par une autre du 8 juillet dans laquelle on faisait l'envoi aux municipalités d'un tableau modèle sur lequel elles devaient inscrire tous les renseignements relatifs aux émissions faites dans leur ressort.

Le 14 septembre 1792, l'Assemblée décréta l'échange de 2 millions 400.000 livres de coupures de 10 et 15 sols contre les billets de 50 sols et au-dessous : en introduisant ainsi dans la circulation une plus grande quantité de petits assignats, on espérait faciliter les transactions et améliorer la situation.

C'est aussi pour cela que, dans une de ses premières séances, la Convention ordonna, le 24 octobre 1792, une nouvelle émission de coupures de 25 et 10 livres, 15 sols et 10 sols.

Elle estima sans doute ces mesures suffisantes et crut que le moment était venu de faire disparaître d'une façon radicale tous les papiers fiduciaires autres que ceux de l'État, y compris ceux émis par les corps administratifs, et, sur le rapport de *Cambon* demandant le retrait immédiat de tous les billets de confiance, *elle décréta le 8 novembre 1792 la suppression pure et simple de toutes les valeurs de ce genre émises jusqu'à ce jour avec interdiction d'en créer de nouvelles.*

Nous reproduisons ci-après les considérants de cet important décret :

La Convention nationale,

Après avoir entendu le rapport de son Comité de finances,

Considérant la nécessité qu'il y a d'arrêter le plus tôt possible la circulation des billets au porteur payables à vue, soit en échange d'assignats, soit en billets échangeables ou assignats qui sont reçus de confiance, comme monnaie dans les transactions journalières, afin d'éviter les troubles qu'elle pourrait occasionner,

Considérant que l'émission de ces billets qui a été faite par des corps administratifs ou municipaux, compagnie ou particulier *ne peut en aucun cas former une dette à la charge de la République,*

Considérant qu'il est du devoir des représentants de la nation de prendre des mesures pour fournir au déficit qui pourrait résulter des diverses émissions de ces billets, afin que la portion du peuple la moins fortunée ne soit point victime de l'insolvabilité ou de manœuvres coupables des personnes qui les ont émises.

Suivent les dispositions du décret :

Sous les trois premiers articles est prescrite la nomination de commissaires chargés de la vérification des caisses. Ils doivent être choisis :

1º Par les conseils de Département pour les Caisses des Directoires de Département ;

2º Par les Directoires de Département pour les Administrations de District ;

3º Par les Directoires de District pour les Municipalités.

Ces commissaires devaient se faire représenter les valeurs servant de gages aux billets émis et en surveiller la vente (art. 4 et 5).

*L'article 6 interdit toute nouvelle émission et ordonne le retrait et la destruction des billets en circulation ; les autorités administratives sont rendues responsables* (1).

Les articles 8 et 9 prescrivent une nouvelle vérification des caisses particulières et *dans les trois jours qui suivent,* la représentation aux municipalités des assignats

---

(1) *Décret du 8 novembre 1792.*

« Art. 6. — Le jour de la publication du présent décret les corps administratifs et municipaux cesseront l'émission des dits billets ; *ils briseront les planches* qui ont servi à leur fabrication. *Ils retireront de suite* ceux qui sont en circulation et ils les feront annuler et brûler en présence du public et en dressant état et procès-verbal.

« Les corps administratifs et municipaux qui auront fait des émissions, *étant responsables du déficit* qui pourrait exister dans leurs caisses, seront tenus d'y pourvoir au fur et à mesure des besoins pour le remboursement, et faute par eux d'y satisfaire, ils y seront contraints savoir : les directoires de Département à la requête et diligence d'une Commission nommée par le Département ; les administrateurs de district à la requête et diligence du Procureur Général syndic et les corps municipaux à la requête du Procureur syndic. »

ou espèces nécessaires pour retirer tous les billets en circulation.

L'article 11 édictait les sanctions suivantes :

« Les particuliers ou les intéressés dans les compa-
« gnies qui ne satisferont pas aux dispositions de l'art. 9
« y seront contraints *par corps* à la requête et diligence
« du procureur de la commune, qui sera aussi chargé
« de faire saisir et arrêter tous les effets et marchandises
« appartenant aux dits particuliers et compagnies. »

Les effets et marchandises saisies doivent être vendus (art. 12) et le prix employé à retirer les billets en circulation.

L'article 13 prescrit que « les dits billets seront retirés
« par un préposé commis par les particuliers et par les
« compagnies qui les auront émis, et à leur défaut par
« le Conseil Général de la commune. Ce préposé sera
« surveillé par un commissaire nommé par le corps muni-
« cipal. Ils seront brûlés chaque semaine en présence
« du peuple et du corps municipal qui en dressera état
« et procès-verbal. »

Sous l'article 16 *les communes étaient rendues responsa-
bles* des résultats donnés par la liquidation des caisses particulières (1).

Dans son article 21, il était accordé au porteur de billets *jusqu'au 1er janvier 1793* pour réclamer le remboursement des billets et ce sous peine de déchéance (2).

---

(1) *Décret du 8 novembre 1792.*

« *Art. 16.* — Le déficit qui pourra se trouver dans les caisses des particuliers ou des compagnies qui auront mis en circulation des billets au-dessous de 25 livres, payables à vue en échange d'assignats ou en billets échangeables en assignats, connus sous le nom de billets patriotique, de confiance de secours ou toute autre dénomination, qui sont reçus de confiance, comme numéraire dans les transactions journalières (le produit de la vente des effets et marchandises et de la rentrée des dettes actives employées) sera supporté à Paris par le département et dans les autres villes ; il sera *à la charge des communes* dans le territoire desquelles ces établissements ont eu lieu, sauf le recours contre les entrepreneurs, directeurs, associés ou intéressés dans les dites caisses. »

(2) « *Art. 21.* — A compter du 1er janvier prochain (1793) il ne pourra plus rester en circulation dans toute la République, aucun billet au porteur payable à vue de quelque somme qu'il soit. Les personnes qui avant le 1er février prochain, n'auront pas exigé le remboursement des billets au-dessous de 25 livres seront déchus de leurs recours envers les Communes ; et celles qui *avant le 1er janvier prochain* ne se seront pas fait rembourser les billets de 25 livres et au-dessous seront tenues, avant d'obtenir leur remboursement, de les faire viser au bureau chargé de percevoir les droits d'enregistrement et d'y payer 20,0 de la valeur des dits billets. »

Le décret se terminait par une prohibition absolue faite tant aux corps administratifs qu'aux particuliers de procéder à de nouvelles émissions et les contrevenants s'exposaient aux peines les plus sévères, celles encourues par les faux-monnayeurs (1).

Les mesures radicales ordonnées par ce décret ne firent qu'ajouter au désarroi général et eurent pour effet immédiat de discréditer toute la monnaie de papier en circulation et, comme à ce moment-là sa quantité était considérable, la crise en prit un caractère plus aigu : le commerce refusa d'accepter tous les billets de confiance indistinctement; les mains pleines de ces billets, on en vint à ne plus pouvoir se procurer un morceau de pain. Les plaintes s'élevèrent de toutes parts et les corps administratifs, des conseils municipaux aux directoires de Département, furent assaillis de réclamations sans nombre qui allèrent jusqu'à la Convention.

Celle-ci, en édictant le retrait des billets, avait omis d'indiquer comment il s'effectuerait et les corps administratifs chargés de cette opération se trouvèrent en présence de toutes sortes de difficultés.

Les valeurs créées par les communes ou par les particuliers n'étaient pas restées dans le lieu de l'émission et beaucoup avaient franchi les limites soit des communes, soit des départements d'origine. Leurs porteurs, en les présentant aux autorités de leur résidence, s'en voyaient refuser le remboursement; certains billets d'ailleurs ne portaient même pas d'indication du lieu d'où ils provenaient.

Il devenait donc indispensable d'organiser entre les divers corps un échange réciproque pour leur permettre le remboursement des billets autres que ceux dont ils étaient les émetteurs directs.

Ce fut le but d'un nouveau décret rendu par la Convention le 19 décembre 1792 par lequel « les administrations

---

(1) « *Art. 22.* — A compter de la publication du présent décret il est défendu aux corps administratifs et municipaux, et ceux particuliers et compagnies de souscrire ni d'émettre aucun effet au porteur sous quelque titre ou dénomination que ce soit, sous peine par les contrevenants, *d'être poursuivis et punis comme faux-monnayeurs.* »

« de département et de district furent autorisées à prendre
« entre elles les moyens qu'elles jugeraient convenables
« pour l'échange des billets qui circulaient dans leurs
« arrondissements respectifs. »

On laissait donc aux corps administratifs le soin de régler cette question délicate et ils y pourvurent de leur mieux, en établissant dans les chefs-lieux de département de district et même dans les communes, des *bureaux d'échange* acceptant les billets de toutes provenances.

On dressait pour les billets retirés des états qui, envoyés aux Directoires de districts, étaient transmis par ceux-ci au Directoire du département et par ce dernier aux administrateurs des départements où s'étaient faites les émissions.

Le décret du 19 décembre 1792 avait du reste décidé que pour faciliter la correspondance les corps administratifs jouiraient jusqu'au 1er juillet 1793 de la franchise des ports de lettres et paquets étant intitulés : *Échange des billets de confiance* et contre-signés par le procureur général syndic du Département.

En outre le délai pour le retirement des billets, fixé au 1er janvier 1793 par le décret du 8 novembre et beaucoup trop court, fut reculé à Paris jusqu'au 31 janvier 1793 et, dans les départements, pour les compagnies ou particuliers jusqu'au 31 mars, pour les corps administratifs ou municipaux jusqu'au 1er juillet, le temps de garantie des communes étant reporté à un mois de ces diverses dates (art. 1, 2 et 3).

Par deux autres décrets, la Convention prorogea la circulation des billets savoir : jusqu'au 1er avril, ceux dont le cours devait cesser le 1er mars, et jusqu'au 1er août, ceux dont le cours cessait le 1er juillet (1) et on recula jusqu'au 1er octobre 1793 le terme de la franchise des ports de lettres et paquets intitulés " Billets de confiance " (2).

Une autre difficulté provenait de ce que l'on présentait parfois au remboursement des billets qui ensuite étaient

(1) *Décret du 8 mars 1793.*
(2) *Décret du 12 juillet 1793.*

reconnus faux; sur ce point la Convention décida (1) « que les corps administratifs, sociétés ou particuliers « qui avaient émis des billets de confiance ne seraient « garants que de billets signés par eux et reconnus « véritables. »

Cependant, malgré les prescriptions de ces décrets, un grand nombre des billets ne furent pas présentés au remboursement aux dates indiquées et la déchéance encourue par leurs porteurs, si elle eût été strictement appliquée, eût constitué les émetteurs en bénéfice puisqu'ils auraient été en droit de refuser de rembourser des billets produits après l'expiration des délais.

La Convention ne le voulut pas, mais elle s'avisa en même temps que si l'opération du retrait devait finalement se solder par un boni, il était naturel que seule la Nation fut appelée à en profiter pour ses finances : aux départements, aux districts, aux communes, la peine et toutes les responsabilités, à l'État tout le bénéfice.

Et sous l'empire de ces idées, elle rendit le 11 ventôse an II le décret suivant :

A la réception du présent *l'agent national* du district se fera remettre par le préposé des corps, compagnies ou associations qui ont émis des billets au porteur dans les communes de la République, la note de ceux qui sont encore en circulation ; il en fera verser *dans la décade* le montant dans la caisse des receveurs de district, qui le feront passer de suite à la trésorerie nationale ainsi qu'il est prescrit pour dépôt et consignation.

Les propriétaires des dits billets au porteur les feront viser par le préposé des corps, compagnies ou associations qui les auront émis et les présenteront ensuite aux receveurs des districts qui en rembourseront le montant sur le produit de leur recette courante, jusqu'à concurrence des sommes qui auraient été déposées par chacune des dites compagnies ou associations en exécution de l'article précédent.

Les receveurs de district enverront comme comptant, à la trésorerie nationale, les billets qu'ils auraient remboursés en exécution de l'article précédent.

(1) *Décret du 21 février 1793.*

— 17 —

Ainsi les communes devaient verser au trésor public, et d'avance, le montant total des billets non rentrés et en subir la perte sans qu'il leur fût tenu compte ni des frais occasionnés par les émissions, ni d'aucune différence sur les brûlements ou le remboursement des billets faux.

L'État bénéficiait donc d'une part de la valeur des billets non présentés au remboursement et de l'autre des erreurs que les communes avaient pu commettre.

Les agents nationaux (1) étaient chargés d'assurer l'exécution de ces prescriptions et ce fut sans doute pour certains l'occasion propice de faire éclater l'ardeur de leur zèle et la pureté de leur civisme.

La Convention cependant trouva nécessaire de donner aux exécuteurs de ses ordres un nouveau stimulant en leur permettant de prendre à l'égard des administrateurs des caisses patriotiques les mesures les plus rigoureuses allant jusqu'à l'emprisonnement, et, à cette triste époque, l'on sait quelles conséquences pouvaient en résulter.

Un décret du 28 floréal an II (17 mai 1794) donne à celui de ventôse les sanctions suivantes :

Art. 1er. — Un mois après la publication du présent décret, les préposés des corps, Cies ou associations qui ont émis des billets au porteur autrement dits *de confiance* dans les Communes de la République et qui n'auront pas satisfait aux dispositions de l'art. 10, de la loi du 11 ventôse, seront poursuivis par l'agent

---

(1) Les agents nationaux furent institués par la loi du 14 frimaire an II (4 décembre 1793), l'une de celles dites « lois révolutionnaires ».

Ils remplaçaient les procureurs syndics de district et de commune et étaient spécialement « chargés de requérir et de poursuivre l'exécution des « lois, ainsi que de dénoncer les négligences apportées dans cette exécution et « les infractions qui pourraient se commettre » ; ils étaient autorisés à se déplacer et à parcourir l'arrondissement de leur territoire « pour surveiller « et s'assurer plus positivement que les lois étaient strictement exécutées. »

Ils correspondaient directement avec les Comités de salut public et de sûreté générale à Paris et devaient écrire à ces deux comités tous les *dix jours* « afin de certifier les diligences faites pour l'exécution de chaque « loi, et dénoncer les retards et les fonctionnaires publics négligents et pré- « varicateurs. »

Ils étaient eux-mêmes soumis à la surveillance des Comités révolutionnaires, et ceux-ci, correspondant directement avec le Comité de salut public et de sûreté générale devaient « dénoncer à la Convention les agents « nationaux et tous les fonctionnaires publics chargés de la surveillance ou « de l'application de la loi pour les faire punir conformément aux lois. »

On voit que les agents nationaux disposaient d'un pouvoir illimité et d'autant plus redoutable qu'il s'exerçait dans l'ombre et sous la crainte que leur inspirait à eux-mêmes le contrôle qu'ils avaient à subir de la part des Comités révolutionnaires.

C'était en somme l'organisation légale de la dénonciation mutuelle.

2.

national devant les Tribunaux du district et seront condamnés *solidairement par corps* au versement de la totalité de la somme.

Art. 2. — Les agents nationaux rendront compte au comité de salut public de l'exécution du présent décret ; les receveurs verseront les fonds à la trésorerie, et les commissaires de la trésorerie nationale feront part *chaque décade* au comité de salut public des fonds que les receveurs auront reçus ou transmis.

Il faut dire qu'en beaucoup d'endroits ces prescriptions ne furent pas appliquées ; leur exécution rigoureuse eut rendu aux municipalités leur tâche impossible.

La force des circonstances l'emporta sur celle des décrets et, en dépit de toutes les prohibitions, le remboursement des billets et les brûlements se continuèrent pendant plusieurs années ; la correspondance d'échange entre les districts et entre les départements se prolongea plus longtemps encore.

Bien plus, certaines communes, en présence de la pénurie de leurs finances, ne craignirent pas de se servir de leurs billets pour les affecter à des dépenses indispensables, telles que subsistances, secours aux indigents, réparations d'édifices communaux ; beaucoup même, malgré l'interdiction formelle, procédèrent, sous la poussée des nécessités quotidiennes, à des émissions nouvelles faites sans aucune autorisation et en dehors de tout contrôle.

Qui aurait pu les en blâmer, alors que le gouvernement de la République donnait l'exemple en usant sans vergogne de la « planche aux assignats » (1) et inondait le pays d'un papier qui chaque jour se dépréciait davantage ?

Du reste, en même temps que la liquidation des caisses patriotiques traînait ainsi en longueur, l'intérêt pratique pour les porteurs de billets s'amoindrissait à mesure que le temps s'écoulait.

Remboursables en assignats, les billets ne pouvaient avoir d'autre valeur que celle des assignats eux-mêmes. Or, dès la fin de l'an II, cette valeur était tombée à quarante pour cent, six mois après à treize pour cent, au commencement de l'an IV à trois francs soixante centimes

---

(1) Il en fut émis de 1790 à 1796 pour 35 milliards, 500 millions.

(3 fr. 60) pour cent et, à la fin de cette même année, lorsque l'État, faisant faillite, régla ses créanciers à 1/30 de leur dû (1) et leur remit en paiement du nouveau papier baptisé *cédules hypothécaires* et *promesses de mandats territoriaux*, on pouvait se procurer 100 francs d'assignats moyennant vingt-cinq centimes en numéraire (0 fr. 25) (2).

A ce moment quelle valeur représentait un billet de confiance de dix sols ?

« La Révolution, a écrit un auteur (3), a vécu dans la misère... » En créant leurs billets, les particuliers et les corps constitués cherchèrent à venir en aide à sa détresse ; leur concours aurait été plus efficace, si le pouvoir central, au lieu de le tenir pour suspect, eût su l'employer en le dirigeant et en le réglementant. Administrateurs ou simples citoyens offrirent leurs services, pour la plupart du moins, avec désintéressement et n'ayant en vue que le bien public. Ceux-là ont droit à quelque reconnaissance : il appartient à l'Histoire de s'en souvenir et de leur rendre justice.

.·.

Nous avons dû exposer assez longuement et avec les détails nécessaires la question des Billets de confiance prise dans sa généralité ; nous allons maintenant nous occuper des émissions faites à Mortagne et dire comment les choses s'y passèrent.

---

(1) On se consolait en chantant sur l'air de *J'ai du bon tabac* le couplet suivant que nous trouvons dans les *Actes des Apôtres*, journal satirique et ultra royaliste :

« J'ai des assignats dans ma tabatière,
J'ai des assignats
Qu'on ne paiera pas.
J'en ai des bleus, des noirs, des blancs,
Mais ce n'est pas de l'argent comptant.
J'ai des assignats dans ma tabatière,
J'ai des assignats
. . . . . . . . . . . . . . . .
Qu'on ne paiera pas. »

(2) Ces chiffres sont extraits du *Tableau des valeurs successives du papier monnaie dans le département de l'Orne à partir du 1er janvier 1791 jusqu'au 7 thermidor an IV*, formé en exécution de l'arrêté du Directoire du 14 vendémiaire an VII.

(3) René Stourm. *Les cinq banqueroutes de la Révolution*. Le Correspondant, 1885, t. II, p. 1061.

II

### Les émissions de Mortagne

Les 83 départements, entre lesquels fut divisé en 1790 le territoire de la France, émirent tous des billets de confiance; parmi eux le département de l'Orne se place en bon rang puisque, de 1790 à 1793, on y compta 94 caisses patriotiques créées soit par les corps administratifs, soit par de simples citoyens.

Il en fut ouvert 19 dans le district de Mortagne (1).

A Mortagne même la municipalité fit plusieurs émissions : elle avait été comme ailleurs précédée dans cette voie par des particuliers.

Les registres municipaux contiennent de précieux renseignements sur ces émissions et sur le fonctionnement des caisses et leur liquidation : ils nous ont fourni les éléments de cette étude.

Nous avons dit quelle était la situation à la fin de l'année 1791 et combien le public éprouvait de difficultés à se procurer la monnaie nécessaire aux achats journaliers et au paiement des salaires.

Les billets d'origine privée, qui circulaient à ce moment, ne suffisaient pas aux besoins courants et d'ailleurs bon nombre d'entre eux n'étaient pas reçus avec une entière confiance : de là une gêne qui atteignait tout le monde et spécialement les citoyens vivant de leur travail.

(1) Le district de Mortagne, tel que l'étendue en fut fixée par le décret du 15 janvier 1790 comprenait neuf cantons : *Mortagne, Soligny, Tourouvre, Saint-Maurice, Neuilly, Longny, Maures, la Mesnière et Colimer (sic)*.

Se faisant l'écho des inquiétudes de la population, *Desgrouas*, procureur de la commune (1), prend le 14 décembre 1791, des réquisitions pour proposer la création d'une caisse patriotique régie par la municipalité.

Il expose :

Que chaque jour la monnaie disparaît et que les malheureux sont sans ressource par défaut de numéraire, qu'il y a donc urgence de faire une émission de petits billets patriotiques, attendu qu'avant quinze jours « *il « n'existera plus en circulation aucune espèce de numéraire « en cuivre.*

« Que cependant, il y aurait inconvénient, malgré la
« pénurie reconnue, de faire cette émission sans auparavant
« consulter le peuple, sur la nécessité où il se trouve
« et ce par une opposition déjà manifestée sous le prétexte
« mal entendu qu'il ferait disparaître la monnaie
« en entier. »

Et il requiert « pour le salut public, MM. les officiers
« municipaux de faire publier une invitation aux cytoyens
« afin que ceux-ci qui désireront qu'il soit formé une
« caisse de billets patriotiques de cinq, de dix et vingt
« sols, en échange d'assignats de cinquante livres et de
« cent sols veulent bien se présenter à la maison commune,
« ensemble ou séparément, pour émettre leur
« vœu à ce sujet et que sur iceluy MM. les officiers
« municipaux convoquent le Conseil général de la
« commune pour statuer sur le mode à adopter pour

---

(1) *Desgrouas* (François-Grégoire-Michel-Étienne), né à Bellême le 9 février 1717.
Était, en 1789, avocat au bailliage de Mortagne, se mit à la tête du mouvement révolutionnaire et s'efforça, sans d'ailleurs y réussir, de le diriger dans le sens le plus violent et le plus tyrannique.
Procureur de la commune, puis député à la Convention où il siégea à la Montagne et vota la mort du Roi.
Revenu à Mortagne fut commissaire du pouvoir exécutif (an IV) et plus tard y occupa les fonctions de receveur de la Régie, de l'Enregistrement et du Domaine national ; ensuite receveur des domaines nationaux et conservateur des hypothèques à Péronne (an XI).

« les sus dits billets dont l'urgence fait la plus grande
« loy (1). »

Le même jour, le Corps municipal se réunit et, faisant droit aux réquisitions de Desgrouas, « arrête que les
« citoyens seront invités comme de fait ils sont invités
« à se présenter à la maison commune dans le courant
« de la semaine ensemble ou séparément pour émettre
« leur vœu sur la formation d'une caisse de petits billets
« patriotiques en échange d'assignats de cinquante livres
« et de cent sols et ensuite pour plus grande sûreté et
« leur garantie, convoque le Conseil général de la com-
« mune pour statuer ce qu'il appartiendra (2) ».

Le 10 janvier suivant (1792), nouvelle réquisition de Desgrouas pour nommer les officiers municipaux qui signeront les billets et réunion du Corps municipal pour fixer les conditions dans lesquelles doit se faire la première émission (3).

Il faut remarquer ici que, contrairement aux réquisitions de Desgrouas du 14 décembre et à la délibération prise le même jour par le Corps municipal visant toutes deux la convocation du Conseil général de la commune pour statuer sur cette question importante, l'émission fut décidée seulement par le Corps municipal; ses membres en endossaient donc la responsabilité entière et, dans le but de donner toute confiance, ils prenaient même d'avance, comme on va le voir, à leur charge personnelle, tous les risques de l'opération. Ils ont donné ainsi un bel exemple de dévouement à la chose publique et il convient de leur en rendre un hommage mérité.

Voici en quels termes les conditions de l'émission furent réglées :

---

Se retira à Mortagne où il fut incarcéré comme régicide en 1816 et mourut aveugle, en prison, le 17 août 1816.
Habitait rue du Portail-Saint-Denis jusqu'en l'an V et ensuite dans la maison dite d'Henri IV.
(1) *Pièce justificative* n° 1.
(Nous avons respecté l'orthographe souvent défectueuse dans les documents).
(2) *Pièce justificative* n° 2.
(3) *Pièce justificative* n° 3.

Dudit jour (10 janvier) le corps municipal assemblé és personnes de MM. *Rathier* maire (1), *Cornfornival* (2), *Dupont* (3), *Bertre* (4), *Brad jeune* (5), *Bouillie* (6) et *Desgrouas*, Procureur de la Commune, désirant faire jouir ses concitoyens de l'étendue de ce district de l'avantage d'une émission de billets de confiance de cinq sols et de dix sols ci-dessus proposée pour déjouer les manœuvres des ennemis de la chose publique qui ne cessent d'accaparer la monnoye et d'escompter à un grand prix les assignats nationaux même de cinq livres a arrêté *sous la responsabilité des individus* (sic) *soussignés* qu'il sera établi des billets de confiance de *cinq sols* et de *dix sols* en échange d'assignats nationaux depuis et compris cinquante livres et jusque et compris cent livres pour la somme de *quarante mille livres* (7) savoir, *vingt six mille livres en billets de cinq sols et quatorze mille en billets de dix sols* (8), lesquels seront revêtus tant au pied des dits billets qu'au dos d'iceux des signatures de *MM. Rathier, Desgrouas et Bertre* (9) et ne pourront être changés en d'au (d'autres) assignats nationaux de moindre ou de plus grande valeur que celle ci-dessus spécifiée ; arrête en outre que *MM. Rathier* maire et *Bouillie* seront chargés de la distribution des dits billets de confiance et que les billets nationaux qui leurs seront remis seront déposés dans le coffre de la municipalité fermant à trois clefs et dont les clefs leur ont été à l'instant remises ce qu'ils ont accepté et après s'être soumis de rendre compte de la caisse au Corps municipal à la première réquisition soit en assignats nationaux soit dans les dits billets de confiance.

Arrête enfin qu'à fur et mesure que les dits billets de confiance

---

(1) *Rathier* Louis, dit Rathier jeune, né à Mortagne, en 1745, fut maire du 16 novembre 1791 jusqu'en floréal an III ; demeurait rue Sainte-Croix, dans la maison portant le n° 30 ; décédé le 22 novembre 1815.

(2) *Corn-Fornival*, Jean-Nicolas-Pierre, juge au tribunal du district de Mortagne, puis juge de paix, demeurait rue du Portail-Saint-Denis ; décédé à Mortagne le 11 janvier 1809.

(3) *Dupont*, Jacques, apothicaire, fut ensuite administrateur de la commune de Mortagne (an IV et an V).

(4) *Bertre*, Antoine, homme de loi, demeurait paroisse Sainte-Croix.

(5) *Brad* jeune, Jean-Étienne, habitait en 1815 le château de Mauregard, commune de Saint-Hilaire-les-Mortagne.

(6) *Bouillie*, Nicolas, demeurait Petite-Rue ; décédé à Mortagne le 9 pluviôse an X.

(7) En fait l'émission fut portée à *cinquante mille livres* ainsi que l'a constaté, comme on le verra plus loin, une délibération du Conseil général du 1ᵉʳ octobre 1792.

(8) PLANCHE I, *fig.* 1 et 2.

(9) Les billets ont été signés par Rathier seul ; au dos figurent les deux autres signatures.

# BILLETS DE CONFIANCE DE MORTAGNE

## ÉMISSIONS DE LA MUNICIPALITÉ

Fig. 1 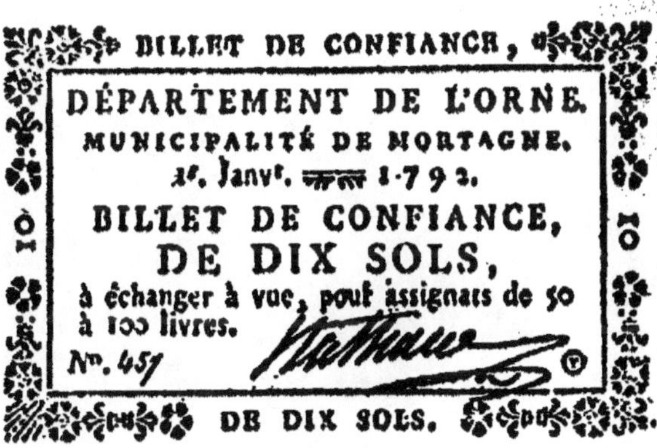 — Fig. 2 — Fig. 3  — Fig. 4  — Fig. 5

PLANCHE I

seront rentrés, soit en tout ou partie, partage en sera fait ainsi que des assignats échangés de trois mois en trois mois et *que la perte en sera partagée entre les dits officiers municipaux et le Procureur de la Commune* et ont les susdits signé avec les autres officiers municipaux le procureur de la Commune et le secrétaire greffier.

Signé : Ratmier j°, Brad j°, Bertre, Dupont, Bouillie, Desgrouas P*, Corufornival, Dozé, secrétaire (1).

Et, attendu l'urgence, on prend toutes dispositions pour que les billets soient mis sans retard en circulation. L'un des signataires désigné M. Bertre, qui avait cru bon d'ajouter à son nom sa qualité d'officier municipal, demande et obtient de se borner à apposer son seul nom au dos des billets (17 janvier 1792) (2).

Ce travail de signature ne laisse pas que d'être assez long et Desgrouas demande, dès le 13 février, d'en être déchargé en ce qui le concerne « attendu que ses fonctions devien-
« nent de jour en jour plus pénibles et exigent de luy
« la plus sérieuse étude des loix ; *MM. Brad jeune* et
« *Dupont* sont nommés pour le remplacer (3). »

Cependant la municipalité a reçu la notification du décret des 30 mars-1er avril 1792 lui enjoignant de contrôler les émissions qui ont pu être faites par des particuliers et de surveiller leur liquidation et, le 20 juin, MM. Rathier maire et Corufornival officier municipal, se présentent au domicile du sieur *Hérode* (4) citoyen notable, qui a fait une émission importante de billets de confiance et le mettent en demeure de faire les déclarations ordonnées par le décret.

Le citoyen Hérode expose sa situation comme il suit :

(1) *Pièce justificative* n° 4.
*Dozé*, Pierre-Nicolas, ancien receveur particulier des Impositions à Mortagne, demeurait rue de Rouen ; décédé à Mortagne le 16 décembre 1813.
(2) *Pièce justificative* n° 5.
(3) *Pièce justificative* n° 6.
(4) *Hérode*, Simon-Jean, ancien président du Grenier à sel, nommé maire le 21 vendémiaire an IV, demeurait place d'Armes ; décédé à Mortagne le 22 pluviôse an VIII.

Il a émis des billets pour une somme de 37.087 livres 10 sols se composant de :

| | | | |
|---|---|---|---|
| Billets de | 5 livres | — 1.925 soit. | 9.625 livres |
| — | 3 livres | — 2.150 — | 6.450 — |
| — | 50 sols | — 2.625 — | 6.562 liv. 10 sols |
| — | 40 sols | — 1.650 — | 3.300 livres |
| — | 30 sols | — 3.000 — | 4.500 — |
| — | 20 sols | — 3.200 — | 3.200 — |
| — | 15 sols | — 3.000 — | 2.250 — |
| — | 10 sols | — 2.400 — | 1.200 — |
| | | | 37.087 liv. 10 sols |

Sur quoi il est déjà rentré :

| | | | |
|---|---|---|---|
| Billets de | 5 liv. | — 977. | 4.740 livres |
| — | 3 liv. | — 690. | 2.070 — |
| — | 50 sols | — 776. | 1.940 — |
| — | 40 sols | — 505. | 1.010 — |
| — | 30 sols | — 38. | 57 — |
| — | 20 sols | — 64. | 64 — |
| — | 15 sols | — 44. | 33 — |
| — | 10 sols | — 68. | 34 — |
| | Soit. | 9.948 livres | 9.948 |
| | Il reste en émission. | | 27.139 liv. 10 sols |

Et le sieur Hérode exhibe aux commissaires « une « somme égale tant en assignats de cinquante livres que « de soixante livres et de cinq livres.

Il déclare d'ailleurs « qu'il a arrêté son émission dès « le 21 avril dernier ainsi qu'il résulte des affiches impri- « mées qu'il a fait placer tant dans cette ville que dans « les municipalités voisines, et que pour gage et sûreté « de ce qui reste en émission desd. billets il possède « une maison grande place de cette ville, une jolie terre « Paroisse de Loisé près cette ville et plusieurs autres « terres ès-environs de lad. ville et plusieurs marchan- « dises et autres effets mobiliers dont la valeur est bien « au-delà de lad. somme de vingt-sept mille cent trente- « neuf livres dix sols. »

Et tout heureux de ce résultat les citoyens Rathier et Coru-Fornival se retirent pleinement satisfaits (1).

Mais l'émission du citoyen Hérode n'avait pas été la seule et, si elle s'était faite dans les conditions les plus correctes, peut-être n'en pouvait-on pas dire autant de celles de certains petits émetteurs.

Les commissaires durent le constater en allant chez eux faire les vérifications prescrites, mais ils préférèrent sans doute garder le silence pour ne pas alarmer le public. Il n'en fut point dressé de procès-verbaux et les choses en restèrent là jusqu'à la fin de septembre.

A ce moment les réclamations s'étant faites plus pressantes, Desgrouas estime qu'il n'est plus possible d'atermoyer : il prend des réquisitions (30 septembre) et déclare que « témoin des rumeurs qui se passent dans
« cette ville et des plaintes générales occasionnées par
« une émission sans bornes de billets de confiance de
« différentes sommes depuis trois deniers jusqu'à trois
« livres ce qui augmente les denrées à un prix que
« personne ne peut s'en pourvoir et particulièrement la
« classe indigente.

« Considérant d'ailleurs que les trois quarts et demi de
« personnes qui émettent ces billets sont sans fortune et
« par conséquent susceptibles de banqueroutte fraudu-
« leuse lors de la rentrée d'iceux requérons que les
« diférens particuliers qui ont émis des billets de confiance
« dans cette ville soient appelés à fur et mesure qu'ils
« seront connus, qu'il leur soit ordonné de retirer
« *dans huit jours* leurs billets de la circulation avec
« défense d'en émettre davantage et que le délai expiré
« à défaut de l'avoir fait *ils soient mis provisoirement à la*
« *maison d'arrest* et ensuitte pris contre eux telles conclu-
« sions que nous aviserons convenir pour le salut public
« comme aussi pour le présent requisitoire. Et l'arrêté
« à intervenir soit lu publié et affiché partout où besoin
« sera (2). »

(1) *Pièce justificative* n° 7.
(2) *Pièce justificative* n° 8.

Desgrouas, on le voit, n'aimait pas les demi-mesures, la manière forte avait toujours ses préférences.

Dès le lendemain (1er octobre) le Conseil général de la commune se réunit.

Il adopte les conclusions du procureur de la commune, mais refuse de le suivre dans la voie où celui-ci veut l'entraîner. Il ne sanctionne pas la proposition de Desgrouas de jeter en prison les émetteurs particuliers « même provisoirement », et reconnaissant que « diffé-
« rentes émissions ont été faites par plusieurs particuliers
« de cette commune dont la majeure partie sont reconnus
« pour être sans fortune, ce qui donnent des craintes aux
« citoyens qui se trouvent porteurs de ces billets; Il
« arrête que dans quinze jours de la publication du
« présent il sera enjoint aux dits émissionnaires de
« retirer du commerce les dites émissions comme
« contraires à la loi du premier avril dernier, *fait défense*
« *à tout citoyen d'en émettre à l'avenir sous les peines aux*
« *cas appartenantes* et que le présent arrêté sera lu publié
« et affiché dans l'Etendue de cette commune. »

Et, sans désemparer, on décide de faire une *nouvelle émission* des billets de la municipalité dont on fixe de suite les conditions :

« Comme aussi le Conseil général *en autorisant l'émis-*
« *sion desja faite* par la municipalité de billets patrioti-
« ques de dix et cinq sous jusqu'à concurrence *de*
« *cinquante mille livres* (1), arrête qu'il sera fait une
« nouvelle émission pour la valeur de *dix mille livres*
« en petits billets *d'un sou, six deniers et trois deniers*
« afin de faciliter d'autant plus aux citoyens l'achat des
« denrées et supléer au défaut de numéraire ou de
« monnoye nationale de cette valeur (2). »

Cet arrêté mit fin aux émissions particulières et la rentrée de leurs billets s'effectua.

(1) Ce passage confirme ce que nous avons dit plus haut au sujet de la première émission qui fut décidée par le Corps municipal seul sans l'autorisation du Conseil général.
(2) *Pièce justificative* n° 9.

Mais au fur et à mesure qu'ils étaient retirés, le manque de monnaie se faisait plus vivement sentir, les émissions faites par la municipalité ne suffisant pas à les remplacer dans la circulation. Une nouvelle émission devenait donc nécessaire; le Conseil général le constate dans une délibération du 24 octobre :

« Le vingt-quatre octobre mil sept cent quatre-vingt-
« douze l'an 1er de la République. En la séance du Conseil
« général permanent de la Commune de Mortagne, où
« était le procureur de la Commune substituée (1).

« Il a été observé que le grand nombre de billets
« patriotiques qui avaient été émis par différents citoyens
« de cette ville étant maintenant et journellement retiré
« du commerce et toute émission nouvelle de ces caisses
« particulières étant arrêtées, il est nécessairement indis-
« pensable de remplacer ces billets par une nouvelle
« émission de billets de cinq sols de la municipalité de
« cette ville. »

En conséquence est ordonnée *une troisième émission de billets de cinq sols* (2) pour la *valeur de dix mille livres*; les nouveaux billets porteront la griffe du citoyen Rathier maire et « pour plus de sûreté et pour éviter la
« contrefaçon seront signés au dos par un membre de
« la commune »; les citoyens *Coru*, *Got* et *Belin* sont choisis comme signataires.

On entoure de précautions la confection des billets. Le bureau municipal déléguera un commissaire qui sera présent au moment de l'impression et fera rapporter la planche à la fin de la séance à la maison commune (3).

---

(1) Desgrouas venait d'être remplacé dans ses fonctions par le citoyen Got.
*Got*, Jacques-François-Louis, né à Trun (Orne), le 15 novembre 1763, était au moment de la Révolution procureur aux juridictions royales; fit brûler comme procureur de la commune les titres féodaux sur la place publique de Mortagne le 2 frimaire an II.
Devint secrétaire du district de Bellême, puis juge au tribunal civil d'Alençon, député aux Cinq-Cents, se retira après le 18 brumaire à Bellême ; rallié à l'Empire, devint procureur impérial à Mortagne, fut élu représentant à la Chambre des Cent-Jours, conseiller général du canton de Bellême et président du Conseil général.
Décédé à Bellême le 21 décembre 1846.
(2) PLANCHE I. *fig. 3*.
(3) *Pièce justificative* n° 10.

La publication de l'arrêté du 1er octobre avait eu pour effet immédiat de discréditer sans distinction les billets de toutes provenances répandus dans la ville.

En apprenant que les émissions particulières faites à Mortagne étaient désormais interdites le public, par un raisonnement assez logique, eut vite fait de conclure que les billets venus du dehors ne devaient plus avoir cours. Chacun chercha à s'en débarrasser et personne ne voulut plus les recevoir; une agitation s'en suivit qui menaçait de tourner à la panique.

Le Conseil s'en effraye et tente de l'enrayer par un nouvel arrêté dans lequel il explique la véritable portée de sa décision du 1er octobre.

Il se défend d'avoir voulu empêcher la libre circulation de tous autres billets que ceux émis à Mortagne par des particuliers insolvables et il s'efforce de redonner confiance aux porteurs sur la valeur des billets étrangers à la localité. Il le fait d'ailleurs assez maladroitement : on en jugera par la lecture de ce document.

Le vingt six octobre mil sept cent quatre vingt douze. L'an premier de la République, le Conseil général de la Commune instruit qu'un grand nombre de citoyens et notamment les boulangers, s'appuyant du prétexte de l'arrêté du Conseil général du premier de ce mois relatif aux billets patriotiques refusaient de recevoir aucun autres billets de confiance que ceux de la municipalité ce qui mettait de grands entraves au commerce et causait des troubles inquiétants.

Considérant 1º que la loi du 1er avril der autorise la circulation des billets patriotiques émis par les municipalités et autres corps administratifs ou ceux émis par des particuliers sous leur surveillance immédiate.

Considérant 2º que d'après les dispositions de la même loi, les municipalités ont dû vérifier l'état des Caisses patriotiques et s'assurer de l'existence de fonds suffisants pour former le gage des émissions déjà faites et que cette précaution bien gardée ne doit laisser aucune inquiétude sur la solvabilité des émissionnaires.

Considérant 3º que l'arrêté du 1er Octobre n'a eu pour objet que d'arrêter les émissions faites par divers citoyens de la Commune, qui n'avaient en caisse aucuns fonds pour servir de responsabilité aux porteurs de ces billets ; qu'au reste le Conseil n'a mis ni pu mettre aucun obstacle à la libre circulation des billets patriotiques émis hors le sein de la Commune.

Considérant enfin que ces billets de confiance d'après les mesures de sûreté indiquées par la loi, doivent avoir un cours libre, dans ce moment, autant qu'ils l'ont eu par le passé et jusqu'à ce qu'il ait été rendu une loi qui en arrête le cours.

Déclare que par son arrêté du premier de ce mois, le Conseil général n'a entendu mettre aucun entrave à la circulation des billets patriotiques étrangers à la Commune. Que ces billets, étant autorisés par la loi du 1er avril, doivent être remis avec plus de confiance aujourd'hui que par le passé, puisque cette loi a établi des mesures de précaution qui doivent mettre les citoyens à l'abri de toute inquiétude. Invite tous les citoyens de la Commune et tous autres qui peuvent y faire commerce à recevoir sans difficulté et à se prêter à la libre circulation de tous billets de caisse patriotique dont le cours est protégé par la loi, sauf néanmoins à reporter aux citoyens de la ville qui avait fait des émissions, les billets respectifs par eux émis et dont la valeur leur sera rendue sur la présentation qu'ils en feront (1).

Tout en s'employant à rassurer ses concitoyens, l'autorité municipale reste elle-même en face de ses embarras. Ferme en ses paroles, elle est hésitante dans ses actes ; d'une part, elle dénonce vigoureusement les signataires de billets et cependant elle n'ose user de rigueur envers eux et laisse sans exécution les prescriptions de la loi et de ses propres arrêtés.

Craint-elle que les poursuites n'amènent des divulgations qui compliquent encore les choses, ou bien y a-t-il parmi les émetteurs quelqu'un qui doive être ménagé ? Et puis, Desgrouas, qui a été nommé député et siège maintenant à la Convention, n'est plus là pour entretenir son zèle.....

Tout reste donc en l'état et il faut au Conseil général la notification de la loi du 8 novembre 1792 pour qu'il se décide enfin à tirer au clair la situation des caisses particulières : les ordres de la Convention sont de ceux

(1) *Pièce justificative* n° II.

qu'on ne discute pas, il n'y a plus cette fois à hésiter : les citoyens émetteurs sont formellement mis en demeure de venir s'expliquer sur leurs opérations.

Sur la réquisition du Procureur, le Conseil permanent considérant « *que les communes sont responsables de l'in-*
« *solvabilité des émissionnaires ou du déficit qui pourrait*
« *exister dans leurs Caisses* et que l'intérêt de la Commune
« prescrit au Conseil général de prendre les mesures
« convenables et indiquées par la loi pour prévenir l'in-
« convénient de cette responsabilité » procède, conformément à l'article 8 de la loi, à la nomination de quatre commissaires chargés de faire chez les émetteurs particuliers la vérification prescrite. Les citoyens *Marre-Lanos, Brad, Boucher* et *Lefèvre-Mesnil* sont désignés à cet effet (20 décembre 1792) (1).

Les commissaires se réunissent le lendemain (21 décembre) à la maison commune et les citoyens émissionnaires se présentent devant eux.

Le procès-verbal qui a relaté les détails de cette comparution constate d'abord sévèrement que « ces
« citoyens n'ayant aucuns registres, relatifs aux émis-
« sions par eux faites, il n'a pas été possible de vérifier
« l'état de leurs caisses » et il leur est enjoint d'en rendre compte.

Après un tel préambule, on pourrait croire que la séance se poursuivit dans la plus vive agitation ; il n'en fut rien et, comme on va le voir, tout se passa dans le plus grand calme. Il en est ainsi souvent à Mortagne.

Successivement les citoyens qui ont ouvert des caisses patriotiques défilent devant la Commission à laquelle se sont joints des membres du Conseil général « perma-
« nent ».

Le premier qui se présente est *Monanteuil* (Jean-Alexis), marchand (2).

Il déclare avoir fait imprimer conjointement avec le citoyen

---

(1) *Pièce justificative* n° 12.
(2) *Monanteuil* fit partie du Comité de surveillance, devint commissaire de police sous l'Empire.

# BILLETS DE CONFIANCE DE MORTAGNE

## ÉMISSIONS PARTICULIÈRES

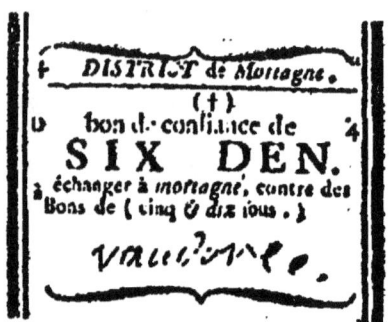

Fig. 1

Fig. 2

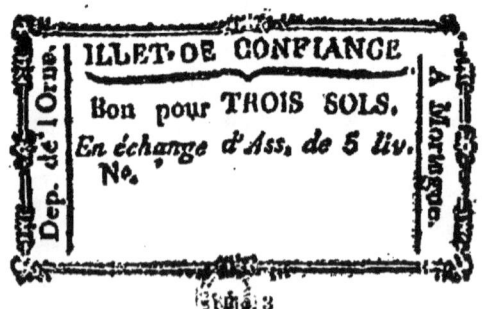

Fig. 3

— 33 —

Maillard, boulanger « sur la Place »(1), des billets patriotiques pour 300 livres en billets de : 3 sols, 1 sol, 6 liards, 3 liards, 2 liards, 1 liard, mais qu'il a été brûlé de ces billets, avant la signature, et l'émission pour 250 livres au moins, il n'en reste donc plus en cours que pour.................. 50 livres

Après lui vient Vaudoré (François), menuisier. Il a mis en circulation avec Vaudron, aubergiste, pour...... 1.000 livres de billets de 2 sols, 1 sol et 6 deniers (2).

Il en est rentré pour... 500 livres

Il en reste donc... 500 livres

Comparait ensuite Charpentier (Jacques-Robert), marchand. Il a émis avec Allard-Girard, marchand, pour..... 1.000 livres de billets de 4 sols, 3 sols, 2 sols, 1 sol et 6 deniers.

Sur quoi il en a brûlé où il en est rentré pour... 572 livres

Il en reste donc en circulation............... 428 livres

Angot (Jean-Nicolas) (3), marchand, déclare avoir mis pour........................................ 300 livres de billets de 4 sols, 3 sols, 1 sol, 2 liards.

Dont il ne reste plus en circulation qu'environ. 200 livres

Trousse (Jean - François), marchand - boulanger a créé pour........................................ 800 livres de billets de 3 sols (4), 2 sols, 1 sol, 6 liards.

Par suite des remboursements qu'il a faits il en reste au plus.................................. 500 livres

La Porte (Jacques), aubergiste déclare avoir émis pour........................................ 200 livres de billets de 20 sols, 15 sols, 10 sols, 5 sols, 4 sols, 3 sols, 2 sols, 1 sol et 6 liards.

Il lui en est rentré pour. 32 livres

Il en reste donc. 168 livres

Se présentent enfin :

(1) Place d'Armes.
(2) Planche II, fig. 1.
(3) Musicien et organiste, fut quelque temps juge de paix en l'an I. Un des fidèles de Desgrouas, fit partie du Comité de surveillance.
(4) Planche II, fig. 2.

3.

Marie-Jeanne *Pierriau*(1) elle vient au nom de Thomas *Lemaire*,
son mari, déclarer « qu'il a fait imprimer » pour.    50 livres
de billets de *3 sols, 2 sols, 1 sol, 6 liards* et *2 liards*,
qu'elle en a fait souscrire par son fils parce que
son mari ne sait signer, qu'il lui en est rentré pour.    100 sols
et qu'il n'en reste en circulation que pour.......    45 livres

*Legras* fils (Pierre-Joseph), marchand en a émis
pour.................................................    800 livres
de *4 sols, 3 sols, 2 sols, 1 sol* et *6 deniers*.
           Il en est rentré pour environ ..    300 livres

(2)         Il en reste en circulation pour.    500 livres

Après avoir reçu ces déclarations, le Procureur de la commune rappelle aux comparants qu'aux termes de la loi « ils sont tenus de représenter et déposer à la muni-
« cipalité, les sommes équivalant à la valeur des billets
« existant encore actuellement en circulation et qu'ils
« doivent nommer un préposé pour faire conjointement
« avec le commissaire de la municipalité le rembourse-
« ment de leurs billets. »

Mais, sur l'observation des citoyens émetteurs qu'ils sont prêts à fournir « bonne et suffisante caution pour
« répondre solidairement avec eux de la valeur de leurs
« billets encore en circulation et qu'ils offrent d'en faire
« eux-mêmes le remboursement à fur et à mesure qu'ils
« leurs seront représentés », le Conseil général accepte cette proposition qui se trouve remplir « la mesure de
« précaution indiquée par la loi pour l'intérêt de la com-
« mune. »

On convient que les cautions seront présentées dans

---

(1) Entre les n°s 25 et 27 de la rue de la Sous-Préfecture s'ouvre une cour commune qui a conservé le nom de *Cour à Pierriau*.

(2) Au nombre des émetteurs ne figure pas le citoyen *Pautonnier*. Des billets signés de lui ont cependant circulé et nous en avons vu personnellement dans la collection de feu M. Couriot, notre regretté collègue « du Vieux Papier » qui en possédait deux exemplaires, un de *5 sols* et l'autre de *10 sols* (celui-ci imprimé en rouge sur blanc).

Pautonnier (Jean-Jacques-Alexandre), marchand, demeurait faubourg et paroisse Saint-Langis. Son émission était peut-être déjà rentrée avant le 21 décembre 1792.

(*Le billet de 3 sols portant le n° 3 de la* PLANCHE II *n'est pas signé; nous ne pouvons savoir à quel émetteur l'attribuer.*)

les trois jours et que les billets, remboursés directement par les émetteurs « seront rapportés à la municipalité « pour être brûlé chaque semaine en présence du peuple « et du corps municipal. »

Tout le monde signe alors le procès-verbal et chacun se retire ensuite satisfait d'une journée si bien employée pour le plus grand bien de la commune et la gloire de la République (1).

Le 24 décembre, la citoyenne Marie *Picot*, veuve de Jacques-Robert *Charpentier*, demeurant paroisse Notre-Dame se présente devant le Conseil pour se porter caution de son fils et du citoyen Allard (2).

Le 27, le citoyen *Hérode* vient effectuer le dépôt d'une somme de 5.000 livres en assignats de 50 et de 5 livres pour être employée au remboursement de ses billets; le citoyen *Bouillie* est désigné pour faire ce remboursement de concert avec les membres du bureau municipal. Hérode consent à ce que, une fois rentrés, « les billets « soient brûlés chaque semaine en présence du peuple « et du corps municipal »; il y assistera lui-même ou à son défaut le citoyen Bouillie (3).

Le 28, la Municipalité fait publier à bat de caisse « que « ce jourd'hui à trois heures au corps de garde, il allait « être brûlé publiquement pour douze mille livres de « billets patriotiques de la municipalité rentrés et rem- « boursés jusqu'à présent (4).

A l'heure dite de l'après-midi, l'opération annoncée se fait avec la solennité voulue. Le corps municipal est présent et s'est adjoint pour la circonstance les citoyens *Magné* et *Coru*, anciens officiers municipaux ; le peuple y assiste nombreux et l'on procède au brûlement de billets de la municipalité de 10 sols et de 5 sols de la première émission pour la somme de 13.433 livres (5).

En même temps on brûle pour 77 livres de billets du

(1) *Pièce justificative* n° 13.
(2) *Ibid.*, n° 14.
(3) *Ibid.*, n° 15.
(4) *Ibid.*, n° 16.
(5) *Ibid.*, n° 17.

citoyen Angot et pour 86 livres de ceux du citoyen Laporte (1).

Le même jour, les citoyens Monanteuil et Lemaire viennent faire à la municipalité leur soumission de caution ; ils se présentent « comme répondant solidairement l'un « de l'autre pour raison de remboursement des billets « patriotiques par eux émis (2).

Ces soumissions et celle de la citoyenne Charpentier sont du reste les seules qui soient constatées. Les autres émetteurs ne paraissent pas s'être beaucoup inquiétés de l'engagement qu'ils avaient pris à cet égard, lors de leur comparution devant l'autorité municipale, et celle-ci de son côté, rassurée par les déclarations faites au cours de la mémorable séance du 21 décembre, ne crut pas sans doute sa responsabilité gravement engagée en faisant confiance à ses concitoyens.

En ce qui concerne les brûlements qui devaient s'effectuer « a fur et mesure » de la rentrée des billets, nous n'en trouvons mention qu'aux dates ci-après :

### Billets Angot (3)

| | |
|---|---|
| Le 4 janvier 1793 : Brûlement de........ | 22 livres 13 sols |
| Le 1er février 1793 : Brûlement de........ | 44 livres 11 sols |
| Si on y ajoute ceux brûlés le 28 décembre 1792............................. | 77 livres |
| On a un total de. | 144 livres 4 sols |

### Billets Hérode (4)

| | |
|---|---|
| 28 janvier 1793 : Brûlement de......... | 1.586 livres 10 sols |
| 19 février 1793 : Brûlement de......... | 1.275 livres 5 sols |
| 17 mai 1793 : Brûlement de......... | 1.544 livres |
| 3 juillet 1793 : Brûlement de......... | 432 livres |
| Total. | 4.837 livres 15 sols |

### Billets La Porte (5)

| | |
|---|---|
| 28 décembre 1792 : Brûlement de.... | 86 livres |

(1) *Pièce justificative* n° 18.
(2) *Ibid.*, n° 19.
(3) *Ibid.*, n°s 18, 20, 23.
(4) *Pièces justificatives* n°s 22, 25, 29, 31.
(5) *Pièce justificative* n° 18.

Tous les autres procès-verbaux de brûlement, que nous indiquerons, s'appliquent exclusivement aux billets de la municipalité.

Le Procureur de la commune songea-t-il à exiger des émetteurs particuliers la consignation voulue par la loi pour les billets non encore représentés? Nos documents sont muets sur ce point et cela fait croire que l'on jugea la mesure inutile et qu'il n'en fut pas question.

De tout cela, il est permis de conclure que cette affaire des caisses particulières à Mortagne, qui avait un moment soulevé tant d'orages, se liquida le plus paisiblement du monde.

Si l'on met à part l'émission importante faite par le citoyen Hérode, dont la situation personnelle offrait d'ailleurs toutes garanties, les autres, comme on l'a vu, n'atteignirent au total qu'un chiffre assez faible.

Le remboursement des billets ne dut souffrir aucune difficulté; personne ne perdit rien et les petits émetteurs eurent comme bénéfice, la valeur peu importante de leurs billets sortis de la commune et qui ne reparurent pas.

Tout paraît donc s'être terminé au mieux des intérêts de tous et nous pouvons clore ici le chapitre des émissions particulières.

Il nous reste à compléter celui des billets créés par la municipalité.

.·.

Le décret du 8 novembre 1792 avait ordonné aux municipalités « de briser les planches ayant servi à la « fabrication de leurs billets, de retirer immédiatement « ceux-ci de la circulation et de les faire brûler en pré- « sence du peuple. »

Nous avons vu que le corps municipal de Mortagne s'était conformé à ces prescriptions, en détruisant solennellement le 28 décembre une première série de billets pour la somme de 13.433 livres (1).

Le 15 janvier 1793 on procède au brûlement d'une

---

(1) Toutefois le procès-verbal ne mentionne pas que les planches aient été brisées.

deuxième quantité de 9.531 livres et le 4 février de 7.467 livres 12 sols.

Les brûlements devaient ainsi se continuer périodiquement jusqu'à la rentrée totale des billets pour laquelle la loi avait fixé d'abord, comme nous l'avons dit, le délai du 1er janvier, puis du 1er juillet et enfin du 1er août 1793.

Mais on avait compté sans les retards qui devaient inévitablement se produire. En fait l'opération se prolongea bien au-delà des limites prévues et, malgré les déchéances encourues, les demandes de remboursement se produisirent lentement.

On y faisait droit cependant; les brûlements étaient effectués au fur et à mesure des rentrées et donnaient lieu chaque fois à un procès-verbal.

Nous notons ici :

| | | |
|---|---|---|
| 1er mars 1793 : | Brûlement de. | 5.585 livres |
| 26 mars 1793 : | Brûlement de. | 3.700 — |
| 1er mai 1793 : | Brûlement de. | 3.144 — |
| 27 juin 1793 : | Brûlement de. | 2.067 — |
| 21 août 1793 : | Brûlement de. | 1.570 liv. 6 sols |
| 17 pluviôse an II : | Brûlement de. | 3.387 liv. |
| 30 fructidor an II : | Brûlement de. | 2.003 liv. 14 sols |
| 12 floréal an III : | Brûlement de. | 682 liv. 10 sols 6 deniers (1) |

Le 10 prairial an II, le Conseil général de la commune — qui siège en permanence — se fait représenter l'état de situation de la caisse des billets émis par la municipalité, il constate *qu'ils sont presque tous rentrés*, mais que « les dernières lois de la Convention nationale ne per-
« mettant plus le cours de cette monnaye de confiance,
« la commune se trouverait sous peu privée de ce *secours*
« *indispensable* pour des appoints et achats de menues
« denrées, s'il n'y était pourvu en usant des voyes et
« moyens indiqués par ces mêmes lois » et il charge le Bureau municipal de demander à l'administration du district « la délivrance de 3.000 livres de petites monnayes
« de toute espèce au dessous de 10 sols, en échange de
« pareille somme en assignats pour distribuer aux citoyens
« au fur et mesure de leurs besoins journaliers » (2).

(1) *Pièces justificatives* nos 26, 27, 28, 30, 32, 34, 36, 37.
(2) *Ibid.*, no 34.

Cependant les finances municipales étaient en fâcheux état et ceux qui avaient charge de les administrer se trouvaient chaque jour en face des plus graves difficultés.

Au mois de septembre 1792, il avait été décidé de transférer l'hospice dans les bâtiments du ci-devant couvent de Saint-François (1) et l'aménagement des nouveaux locaux avait nécessité des dépenses s'élevant à un total de 26.935 livres 18 sols 12 deniers ; la commune se fût trouvée dans l'impossibilité de les payer, si les citoyens Rathier et Boullie « chargés de la direction de la caisse patriotique » n'y eussent pourvu d'abord en prélevant sur les fonds des billets de confiance une somme de 16.705 livres 4 sols 6 deniers (2) et ensuite en avançant le surplus de leurs deniers personnels. (Délibération du 25 fructidor an II) (3).

Il fallait aussi s'occuper des réclamations, provenant des districts voisins, au sujet des remboursements de billets qui s'y étaient trouvés transportés, et nous devons avouer qu'on mettait assez peu d'empressement à y répondre.

Les administrateurs du district de Mortagne reçurent du procureur-syndic de Saumur, une lettre, datée du 1er prairial an III, demandant au nom de plusieurs citoyens de cette ville le remboursement de billets émis à Mortagne ; il ne s'agissait que de 25 livres, mais le réclamant paraissait y attacher une grande importance et invoquait « les lois conservatrices des propriétés des absents. »

Cette lettre fut transmise à la municipalité de Mortagne avec une note mettant le remboursement de la somme

---

(1) L'ancien hospice se trouvait autrefois sur l'emplacement actuel de la Sous-Préfecture et des maisons situées à l'angle de la Grande-Rue.

(2) Si l'on s'en tenait à la constatation faite par le Conseil général de la commune dans sa délibération du 10 prairial an II, citée plus haut, qu'à ce jour les billets municipaux *étaient presque tous rentrés*, on ne s'expliquerait pas que la caisse municipale eût pu en contenir une pareille quantité pour faire le paiement dont il est parlé ci-dessus ; il faut donc admettre que les billets rentrés ne furent qu'incomplètement brûlés et qu'on les remit en circulation contrairement aux dispositions de la loi.

(3) *Pièce justificative* n° 35.

réclamée à la charge du citoyen Rathier, faute par lui d'avoir fait le dépôt prescrit à la caisse du district (1).

Cette grave affaire n'avait pas encore reçu de solution un an après, en vendémiaire an IV, et avait donné lieu à un rappel le 13 de ce mois.

Les citoyens de Saumur furent-ils jamais remboursés de leurs 25 livres? Nous le souhaitons pour eux..., leur créance sur la municipalité de Mortagne représentait alors une valeur inférieure à 2 fr. 75!

Mais à ce moment-là des changements notables s'étaient produits dans la municipalité de Mortagne. Le citoyen Rathier qui avait, depuis le début de la Révolution, supporté la lourde charge de l'administration, fatigué sans doute des luttes incessantes qu'il avait à soutenir contre les Comités, venait de donner sa démission; il avait même quitté Mortagne, laissant à Jean-Louis Rathier son fils (2) le soin de défendre ses actes et de rendre ses comptes. Il avait été remplacé par le citoyen Delangle (3) et celui-ci avait à peine eu le temps de prendre possession de ses fonctions quand fut promulguée la Constitution que la Convention, avant de se séparer, avait fait adopter par le peuple français (5 fructidor an III-22 août 1795) et qui introduisait dans l'organisation des corps municipaux des modifications essentielles (4).

(1) *Pièces justificatives* nos 38 et 39.
(2) *Rathier* (Jean-Louis) fut nommé administrateur le 30 brumaire an IV; décédé à Mortagne en 1801.
(3) *Delangle* (Claude), né à Dreux le 25 novembre 1737, vint à Mortagne comme avocat en 1763 et bientôt obtint des charges nombreuses. Nous le voyons successivement investi des fonctions de procureur fiscal à la Haute Justice de Mauves (1763), bailli de Saint-Langis (1764), substitut à l'élection de Mortagne (1765), bailli de Longny (1766), bailli et juge gruyer de la Frette (1766), subdélégué des Trésoreries de France au bureau des finances de la Généralité d'Alençon (1773), bailli de Prulay (1776) et de Bois-Guillaume (1776), procureur général près la commission pour la Réformation des Eaux et Forêts (1786). Administrateur du district de Mortagne en 1790, nommé maire de cette ville en l'an III, puis procureur général du département de l'Orne (13 prairial an III) et ensuite président du Tribunal de Mortagne (7 frimaire an IV); rallié à l'Empire, fut conseiller à la Cour d'appel de Caen et revint à Mortagne comme président du Tribunal, nommé à cette fonction par Louis XVIII le 28 février 1816, et enfin président honoraire le 27 septembre 1827. Demeurait à Mortagne, 1, rue des Tailles, où il mourut le 11 février 1831, à 93 ans.
(4) Voir *infra* la *Note sur les organisations municipales*.

La municipalité, constituée d'après la nouvelle loi, se composait seulement de cinq administrateurs : *Aubert* (1), *Dupont, Jean-Louis Rathier* fils, *Gohier, Lefèvre-Mesnil*.

Son premier soin fut de régler les affaires de l'ancienne administration et de liquider définitivement la caisse patriotique.

Le 2 nivôse an IV, elle fait brûler « pour 1.242 livres « 2 sols de billets de 10 et 5 sols de la première émis-« sion, de *5 sols, 1 sol* et *6 deniers* des émissions sui-« vantes » (2).

Et, dans une séance tenue le 9 pluviôse an IV, il est procédé à la nomination de cinq commissaires pris hors de la commune et adjoints à un des administrateurs, qui seront chargés d'examiner le compte de l'ex-maire Rathier au sujet « des denrées et deniers reçus du gouvernement » et aussi de se prononcer sur le compte général de celui-ci relativement à sa gestion ; les citoyens *Manguin, Hurel, Coulonge* fils, *Biétry*, greffier de la justice de paix, et *Tiremois*, directeur de l'hôpital, sont désignés.

Dans la même séance, on s'occupe des billets de confiance et on décide d'en finir avec cette question et, « considé-« rant que l'administration municipale ne pouvait choisir « de moment plus favorable pour faire rentrer les billets, « *il est arrêté que ceux-ci n'auront plus cours passé le* « *15 ventôse prochain* et que cette disposition sera publiée « et affichée dans les cantons du ci-devant district de « Mortagne et cantons environnants comme Bellême, « Mamers, Verneuil, Bonnétable et le Mesle.

« Rathier fils est nommé pour recevoir les dits billets » et il est mis à sa disposition pour le remboursement une somme de 20.000 livres dont il rendra compte (3).

La publicité donnée à l'arrêté du 9 pluviôse hâte la rentrée des billets et on procède immédiatement à leur destruction.

---

(1) *Aubert* (Alexandre-Michel), demeurait rue Saint-Jean ; décédé à Mortagne le 29 janvier 1832, à 89 ans.
(2) *Pièce justificative* n° 10.
(3) *Ibid.*, n° 11.

| | |
|---|---|
| Le 15 pluviôse : Brûlement de.......... | 418 livres 5 sols |
| Le 16 pluviôse : Brûlement de.......... | 399 livres 15 sols |
| Le 24 pluviôse : Brûlement de.......... | 606 livres 5 sols |
| Le 1er germinal : Brûlement de.......... | 757 livres 15 sols |

tous en billets de *5 sols, 1 sol, 6 deniers* (1).

Les commissaires nommés pour examiner les comptes de l'ancien maire Rathier tiennent, dès le 13 pluviôse, une réunion dans laquelle Jean-Louis Rathier les leur remet, au nom de son père, avec les documents à l'appui, registres, papiers, journaux, états et pièces diverses.

Le tout est examiné, compulsé, paraphé : rapport est dressé et présenté dans une séance tenue le 27 floréal par l'administration municipale où siègent Aubert, Cochard, Dupont, Roussel ; l'ex-député Desgrouas est également présent en qualité de Commissaire du pouvoir exécutif.

Dans le compte de Rathier les opérations de la caisse patriotique occupent un chapitre spécial ; elles sont résumées dans les termes suivants que nous reproduisons textuellement :

Il a été émis par la Commune pour les besoins de ses Concitoyens depuis le 10 Janvier 1792 jusqu'au 12 Germinal an 2e, laquelle quantité composée de Billets de *10 sols, 5 sols, 1 sol* et *6 deniers*.

monte à la somme de.................. 86.022 livres 16

Les délibérations du Conseil Municipal des 10, 17 Janvier 1792 et du Conseil Général du 1er 8bre suivant ont autorisé lad. émission jusqu'à concurrence de 60.000 fr. celle du Conseil Général du 24 du dit mois d'Octobre a autorisé une autre émission de de 10.000 fr. ce qui fait en tout 70.000 (2) : le Cven Rathier nous a déclaré que le surplus montant à 16.022l 16 a continué d'être émis au noms et par les soins de la d. commune.

D'après l'aveu du citoyen Rathier, il y avait donc eu des émissions faites sans aucune autorisation.

(1) *Pièces justificatives* nos 42, 43, 44, 45.
(2) On remarquera qu'en énumérant les billets émis, Rathier ne parle pas de billets de *2 liards* ; ils ont cependant existé (voir celui reproduit dans notre PLANCHE I, *fig. 5*). D'ailleurs Rathier ne mentionne pas non plus les billets de 3 deniers ayant fait partie de l'émission ordonnée par le Conseil général de la commune le 1er octobre 1792. (Voir *pièce justificative* n° 9.)

la « planche aux billets » était demeurée intacte, et elle a continué à fonctionner. La loi a été violée, mais la caisse municipale était vide ; il fallait bien payer ses dettes et l'on n'avait pas le choix des moyens.

Au sujet des brûlements le citoyen Rathier déclare qu'ils se sont montés à. . . . . . . . . . . 53.303 liv. 16
Il restait donc en émission. . . . . . . 32.719 liv.

« Ces faits, ajoute-t-il, sont à la connaissance du public. » (1).

Les choses en restent là et plusieurs mois s'écoulent avant qu'il soit à nouveau question du compte de l'ancien maire (2).

Sur les billets de confiance le silence se fait aussi.

Pourquoi d'ailleurs s'en serait-on occupé ? Les assignats, dont ils n'étaient que la monnaie, avaient disparu, remplacés par les « mandats territoriaux » (3) qui eux-mêmes étaient déjà tombés dans le discrédit le plus complet. Ne se trouvait-on pas en l'an IV, au cours duquel le gouvernement avait dû comme ressource dernière recourir à l'emprunt forcé ?

Et pourtant il sera reparlé une fois encore des billets patriotiques. Nous les trouvons en effet mentionnés dans un « état de l'actif et du passif de la commune de Mortagne » dressé au sujet d'une demande faite par la municipalité pour aliéner certains immeubles au profit de l'hospice.

Cet état, réclamé par l'Administration de l'Enregistrement, lui fut fourni le 22 pluviôse an V.

Il indique que « sur les 86.022 fr. 16 émis en billets de

---

(1) *Pièce justificative* n° 46.
(2) Ce compte fut envoyé au Département qui ne le retourna qu'en pluviôse an V. Les administrateurs de Mortagne l'approuvèrent en séance le 13 du même mois et donnèrent décharge au citoyen Rathier. (*Pièce justificative* n° 47).

(3) Comme dividende à raison de 3 fr. 33 0,0.
Les mandats territoriaux furent émis par la loi du 28 ventôse an IV ; ils cessèrent d'avoir cours le 1er germinal an V.
En germinal an IV, leur valeur était tombée de 75 0,0 et en thermidor de 95 0,0 (d'après le *Tableau des valeurs successives du papier monnaie dans le département de l'Orne* déjà cité).

« confiance par la commune, il y en a eu 56,156 fr. 9 sous (1)
« de brûlé jusqu'au 30 ventôse de l'an IV (2), ce qui laisse
« en circulation la somme de 29,870 fr. 7 sous » (3).

Il y est en outre constaté que la caisse municipale tient en réserve une somme de 7,576 fr. 18 sous 6 deniers... en petits assignats (4).

Déclarations faites pour la forme, et dénuées de toute signification réelle.

Assignats, billets patriotiques, papiers d'État, papiers de communes, tous désormais sans valeur et ne représentant plus rien...

L'« assignat », né de la spoliation, a fini dans la ruine ; il est resté dans la mémoire publique comme l'image du déficit et de la faillite.

Du petit « billet de confiance » et des services qu'il a rendus, le souvenir même s'est effacé... Nous avons pensé qu'il était intéressant de le faire revivre.

.'.

Nous résumons dans le tableau ci-dessous les émissions de billets de confiance faites à Mortagne (5) :

---

(1) Si l'on fait le compte des quantités de billets municipaux brûlés d'après les procès-verbaux que nous avons énumérés ci-dessus, on arrive à un total de 56,005 liv. 10 s. 6 deniers presque identique à celui indiqué par les Administrateurs.

(2) Il n'existe pas de procès-verbal de brûlement à la date du 30 ventôse an IV, mais il y en a un du 1er germinal ; l'opération a dû avoir lieu le 30 ventôse, mais ce jour tombant un *décadi* (et aussi un dimanche, *jour des Rameaux*) le procès-verbal ne fut rédigé que le lendemain.

(3) *Pièce justificative* n° 48.

(4) Malgré la quantité relativement considérable de billets restés dans le public, ils sont devenus très rares ; nous n'en avons personnellement réuni qu'un tout petit nombre, mais nous avons pu y joindre heureusement ceux qui nous ont été obligeamment communiqués par Mme la baronne de Sainte-Preuve, M. Letellier, de Caen, et M. Tournoüer, et cela nous a permis de composer la collection que nous reproduisons dans nos Planches. Que nos aimables correspondants reçoivent ici nos bien sincères remerciements.

(5) La *Revue de Numismatique* (numéros de novembre et décembre 1892) a publié un *Tableau général des billets de confiance émis dans les Départements*, dressé par M. Achille Colson à la suite d'un article remarquable sur ce sujet. Ce tableau, en ce qui concerne Mortagne, contient avec le nôtre des différences assez nombreuses que nous ne relevons pas en détail. Nous croyons devoir nous en tenir à la liste ci-dessus faite d'après les données tirées de nos documents.

## ÉMISSIONS DE LA MUNICIPALITÉ

| | | |
|---|---|---|
| 1er janvier 1792 | Billet de confiance | 5 sols |
| — | — | 10 sols |
| — | Bon | 5 sols |
| 1er octobre 1792 | Nouvelle émission | 1 sol |
| 21 octobre 1792 | — | 2 liards |
| | — | 6 deniers, 3 deniers |

## ÉMISSIONS DES PARTICULIERS

| NOMS | VALEURS |
|---|---|
| Hérode............ | 5 livres, 3 livres, 50 sols<br>40 sols, 30 sols, 20 sols<br>15 sols, 10 sols |
| Monanteuil et Maillard... | 3 sols, 6 liards, 1 sol<br>3 liards, 2 liards, 1 liard |
| Vaudoré............ | 2 sols, 1 sol, 6 deniers |
| Charpentier et Allard.... | 4 sols, 3 sols, 2 sols<br>1 sol, 6 deniers |
| Angot............ | 4 sols, 3 sols, 1 sol, 2 liards |
| Trousse........... | 3 sols, 2 sols, 1 sol, 6 liards |
| La Porte........... | 20 sols, 15 sols, 10 sols<br>5 sols, 3 sols, 2 sols<br>1 sol, 6 liards |
| Lemaire........... | 3 sols, 2 sols, 1 sol<br>6 liards, 2 liards |
| Legras............ | 4 sols, 3 sols, 2 sols<br>1 sol, 6 deniers |
| Pautonnier.......... | 5 sols, 10 sols |
| Il y a eu aussi :<br>Hamel............ | Billets à échanger à Mortagne<br>               ou à Laigle<br>10 sols. |

# APPENDICE

### TABLEAU DES BILLETS ÉMIS DANS LES CANTONS ET COMMUNES DU DISTRICT DE MORTAGNE

| LOCALITÉS | ÉMETTEURS | VALEURS |
|---|---|---|
| Bazoches........ | Commune chez Dauphi | 1 sou, 2 sous 3 sous, 1 sou 2 sols, 3 sols (1) 4 sols, 5 sols |
| Coulimer........ | | 4 sous |
| Mauves........ | | 10 sols (2) |
| S<sup>t</sup>-Germain-de-Martigny.. | | 20 sous, 40 sous 3 livres |
| S<sup>t</sup>-Marc-de-Réno..... | chez Hubert | 1 sou |
| S<sup>t</sup>-Martin des-Pézerits... | | |
| Soligny........ | Commune chez Gelain | 10 sous, 20 sous 3 sous (3) |
| Tourrouvres........ | | 1 sou, 2 liards (4) |

Ce tableau est dressé d'après celui publié par *Colson* dans la *Revue de Numismatique* (5) avec quelques modifications faites suivant des documents vus ou possédés par nous.

(1) Planche III, *fig.* 5.
(2) *Ibid., fig.* 1.
(3) *Ibid., fig.* 4.
(4) *Ibid., fig.* 2 et 3.
(5) *Loc. cit.*

# BILLETS DE CONFIANCE DU DISTRICT DE MORTAGNE

Fig. 1

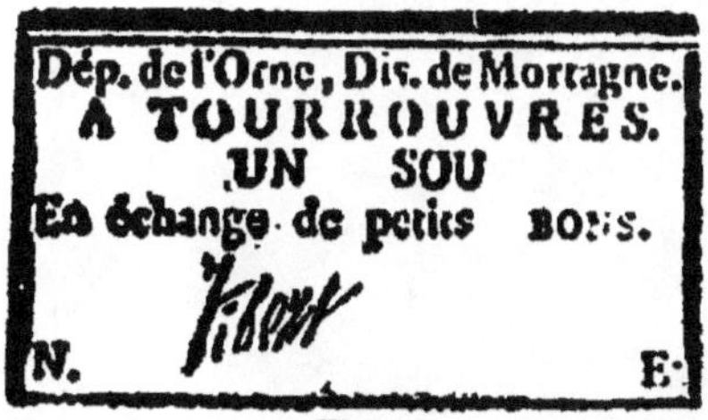

Fig. 2

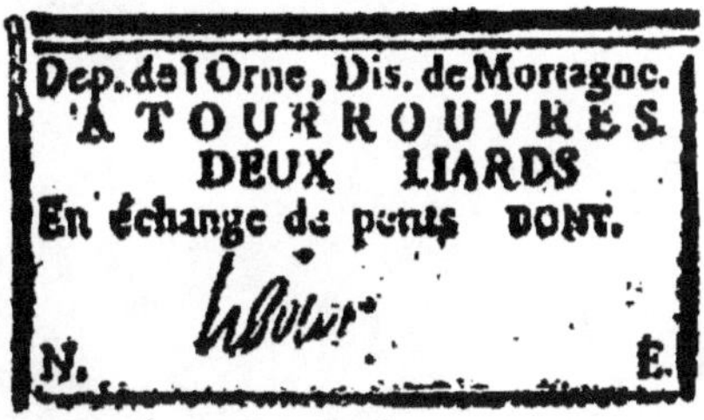

Fig. 3

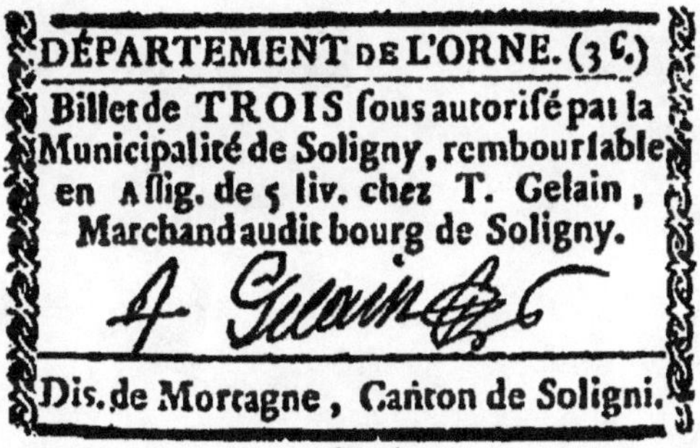

Fig. 4

Fig. 5

PLANCHE III

Chacune de ces émissions pourrait donner lieu à une étude qui serait sans doute pleine d'intérêt ; nous aurions tenté de la faire, si nous n'avions été arrêté par l'absence constatée, dans la plupart des communes sus-indiquées, d'archives se rapportant à l'époque révolutionnaire (1).

---

(1) Les *Documents publiés par le Comité Départemental de l'Orne pour la recherche et la publication des Documents économiques de la Révolution française* contiennent dans leur premier fascicule (pages 1 et suiv.) et sous le titre « *Les Caisses patriotiques dans le Département de l'Orne* » un article qui débute par un très court exposé sur les billets de confiance.

Il y est dit « que les caisses patriotiques, ayant pour objet l'émission de
« billets de confiance pour suppléer à la rareté du numéraire, furent insti-
« tuées en 1792, sous le contrôle de l'Etat et la surveillance des munici-
« palités. »

Que « cette innovation évita aux négociants et aux industriels de se pro-
« curer des coupures minimes d'assignats et que chaque commerçant eut
« dès lors le droit d'émettre des billets de confiance pour une valeur
« déclarée mais dont le remboursement était garanti par la consignation
« dans leur propre caisse d'une somme équivalente en gros assignats ou en
« espèces monnayées. »

Les lecteurs, qui ont bien voulu nous suivre dans notre étude basée exclusivement sur les textes législatifs et les documents officiels, relèveront d'eux-mêmes les inexactitudes contenues dans ces quelques lignes.

En présentant les caisses patriotiques, ayant émis les billets de confiance, comme une *institution* faite, en 1792, sous le contrôle de l'Etat et la surveillance des municipalités, l'auteur de l'article commet une double erreur.

Les caisses patriotiques particulières — il ne peut s'agir que de celles-là — se fondèrent sans aucune intervention officielle et par l'initiative privée.

Leur création est antérieure à 1792 ; elles existaient déjà, probablement en 1790 et certainement en 1791, puisque l'Assemblée nationale exempta leurs billets du droit de timbre par son décret du 17 mai 1791.

Les mesures de contrôle ne furent prises à leur égard qu'au mois d'avril 1792 dans un décret qui d'ailleurs en ordonnait la fermeture et chargeait les municipalités de les liquider.

Au moment de leur création, les commerçants eussent été fort empêchés « de se procurer des coupures minimes d'assignats » puisque celles-ci ne furent décrétées que le 1 janvier 1792 et ne parurent dans la circulation que quelques mois après.

Du reste il n'est pas plus exact de dire que la liberté d'émettre des billets fut réservée aux seuls commerçants ; tous les citoyens purent en faire circuler sous leur responsabilité.

Il serait à désirer qu'une publication essentiellement documentaire ne contint que des assertions appuyées sur des « documents » et rigoureusement contrôlées : c'est à cette condition qu'elle remplirait son but et qu'on pourrait lui attribuer quelque valeur pour l'établissement de la vérité historique.

# NOTE

## *Sur les organisations successives des Corps administratifs de 1789 à 1800*

Par un décret du 22 décembre 1789, l'Assemblée nationale ordonne qu'il sera fait une nouvelle division du royaume en *départements*, que chaque département sera divisé en *districts* et chaque district en *cantons*.

Il est établi au chef-lieu du département une assemblée administrative supérieure sous le titre *d'administration de département*.

Et au chef-lieu de chaque district une assemblée administrative inférieure sous le titre *d'administration de district*.

Il y a une *municipalité* en chaque ville, bourg, paroisse ou communauté de campagne.

*L'administration de département* est composée de trente-six membres avec un Procureur général syndic.

*L'administration de district* comprend douze membres et un Procureur syndic.

Les administrateurs de département nomment huit d'entre eux pour composer *le Directoire de Département*.

L'administration du district est divisée en deux sections, l'une sous le titre de *Conseil de district*, l'autre sous celui de *Directoire de district* composé de quatre membres.

Les municipalités avaient été organisées dès le 14 décembre 1789. Un décret de ce jour en détermine la composition comme il suit :

Il y a dans chaque commune une municipalité formée du *Corps municipal* et de *notables*.

Le Corps municipal se compose de trois membres y compris le maire dans les communes de 500 habitants et au-dessous, de six membres dans les communes de 500 à 3,000, de neuf membres dans celles de 3,000 à 10,000 habitants.

Ledit Corps a auprès de lui un *Procureur de la commune*.

Les *notables* sont en nombre double des membres du Corps municipal.

Ils forment avec le Corps municipal le *Conseil général de la commune*, lequel nomme un secrétaire-greffier et, s'il y a lieu, un trésorier.

Tout Corps municipal composé de plus de trois membres se divise en *Conseil* et en *Bureau*.

Le Bureau est composé du tiers des officiers municipaux, y compris le maire, les deux autres tiers forment le *Conseil*.

Dans la Constitution de 1793, la Convention édicta qu'il y aurait dans chaque commune de la République *une administration municipale*; dans chaque district *une administration intermédiaire*; dans chaque département *une administration centrale*.

La composition de ces administrations resta à fixer.

Cette Constitution ne fut du reste jamais appliquée.

Mais la loi révolutionnaire du 4 décembre 1793 (14 frimaire an II), décréta la suppression des Procureurs syndics de districts et des Procureurs de communes et leur remplacement par les *Agents nationaux* attachés aux districts et aux communes.

La nouvelle Constitution que la Convention nationale adopta avant de se séparer (5 fructidor an III-22 août 1795) modifia complètement la composition des Corps administratifs et municipaux.

D'après cette loi constitutionnelle, la France est divisée en *départements*, chaque département en *cantons*, chaque canton en *communes*.

*Les districts sont donc supprimés.*

Il y a dans chaque département une *Administration centrale* et dans chaque canton une *Administration municipale* au moins.

L'Administration des départements est composée de cinq membres.

Toute commune dont la population s'élève depuis 5,000 jusqu'à 100,000 habitants a une administration municipale.

Toutes les communes inférieures en population n'ont qu'un agent municipal et un adjoint.

La réunion des agents municipaux de chaque commune forme la *municipalité* de canton avec, en plus, un président choisi dans tout le canton.

Dans les communes de 5 à 10,000 habitants, il y a cinq officiers municipaux ; sept, depuis 10,000 jusqu'à 50,000 ; neuf, depuis 50,000 jusqu'à 100,000.

Chaque administration départementale et municipale a auprès d'elle un *commissaire* nommé par le directoire exécutif.

Les administrations municipales sont subordonnées aux administrations de département et celles-ci au ministre.

Cette organisation subsista pendant toute la durée du Directoire (du 13 brumaire an IV-4 novembre 1795 au 18 brumaire an VIII-9 novembre 1799).

Après la promulgation de la Constitution du 22 frimaire an VIII (13 décembre 1799), l'un des premiers actes du Consulat fut de faire adopter, par le Corps législatif, une « loi concernant la division du territoire français et l'administration. » (28 pluviôse an VIII-17 février 1800.)

Cette loi maintient la division en *départements et rétablit les districts,* en en modifiant toutefois le nombre et l'étendue ; ils prennent le nom d'*arrondissements communaux.*

A la tête de chaque département se trouvent un préfet, un conseil de préfecture et un conseil général.

Dans chaque arrondissement, il y a un sous-préfet et un conseil d'arrondissement.

Les municipalités sont rétablies et réorganisées comme il suit :

Dans les communes de 2,500 habitants et au-dessous, il y a un maire et un adjoint ; dans celles de 2,500 à 5,000 habitants, un maire et deux adjoints ; dans les villes de 5,000 à 10,000 habitants, un maire, deux adjoints et un commissaire de police ; au-dessus de 10,000 habitants il est ajouté un adjoint par 20,000 habitants et un commissaire de police par 10,000 habitants.

Il est institué dans chaque commune un *Conseil municipal* composé de dix membres dans les lieux dont la population n'excède pas 2,500 habitants, de vingt dans ceux où elle n'excède pas 5,000, de trente dans ceux où la population est plus nombreuse.

Cette organisation subsiste encore actuellement avec quelques modifications.

# PIÈCES JUSTIFICATIVES [1]

## N° 1

*Réquisition de Desgrouas pour une émission de billets patriotiques*

Le quatorze Décembre 1791 nous procureur de la Commune disons que nous nous appercevons chaque jour que la petite monnaye disparait et que les malheureux sont sans ressources par défaut de ce numéraire, les personnes les plus aisées ne pouvant elle même s'en procurer pour les payer de leurs salaires. Prevoyant encore qu'il y aurait inconvenient malgré la pénurie reconnue de faire une emission de petits billets patriotiques sans auparavant consulter le peuple sur la nécessité où il se trouve et ce par une opposition déjà manifestée sous le prétexte mal entendu qu'ils feraient disparaître la monnaye en entier. Considérant enfin le danger qu'un plus grand retard à emettre les sus dits billets occasionnerait à la chose publique, puis qu'il est évident qu'avant quinze jours il n'existera plus en circulation aucune espèce de numéraire en cuivre Requierons pour le salut public, messieurs les officiers municipaux de faire

---

[1] Toutes ces pièces (à l'exception de celles portant les n°s 38 et 39) sont extraites des Registres municipaux de Mortagne se rapportant à la Révolution.
Ces registres portent les titres suivants :
A. *Registre des délibérations du Corps municipal et du Conseil général de la Commune de Mortagne du 22 juin 1791 au 20 brumaire an II (10 novembre 1793).*
B. *Registre du Bureau municipal du 15 7bre 1791 au 24 fructidor an II (10 7bre 1794).*
C. *Registre des délibérations de la Commune de Mortagne du 30 brumaire an IV au 30 messidor an IV (21 novembre 1795-18 juillet 1796).*
D. *Quatrième registre des délibérations du 4 thermidor an IV au 7 brumaire an VI (22 juillet 1796 au 28 octobre 1797).*
Nous avons reproduit l'orthographe telle qu'elle existe dans les procès-verbaux.

publier une invitation aux Cytoyens afin que ceux-ci qui desireront qu'il soit formé une caisse de billets patriotiques, de cinq, de dix et vingt sols, en échenge d'assignats de cinquante, livres et de cent sols, veulent bien se présenter à la maison commune, ensemble ou separement pour emettre leur vœu à ce sujet et que sur iceluy messieurs les officiers municipaux convoquent le conseil Général de la Commune pour statuer, sur le mode a adopter pour les sus dits billets dont l'urgence fait la plus grande loy. requierons en outre que la présente invitation soit lue et publiée pendant trois jours matin et soir.

DESGROUAS,

*Registre A f° 53.*         p' de la Com<sup>ne</sup>.

---

### N° 2

*Convocation des citoyens*

Le dit jour et an que dessus le corps municipal assemblé es personne de MM. Rathier jeune, Magné Lalonde Coru-fornival, Dupont-Bertre, Brad j<sup>ne</sup> Boullie et Marc Lanos, après avoir pris lecture du requisitoire du procureur de la commune ci-dessus datté arrete que les citoyens seront invités co<sup>e</sup> de fait il sont invité à se présenter à la maison commune dans le courant de la semaine ensemble ou séparement pour emettre leur vœu sur la formation d'une caisse de petits billets patriotiques en échange d'assignats de cinquante livres et de cent sols et ensuitte pour plus grande sureté et leur garantie, convoque le conseil Général de la commune pour statuer ce qu'il appartiendra et a le corps municipal signé avec le secrétaire greffier.

BRAD j<sup>e</sup>, BOULLIE, MAGNÉ, CORU-FORNIVAL, BERTRE, MARE-LANOS, RATHIER jeune, DOZÉ secrétaire.

*Registre A f° 53.*

## N° 3

*Réquisition pour nommer les signataires des billets*

L'An mil sept cent quatre vingt douze le dix janvier nous Procureur de la Commune, sur la nécessité reconnue d'une Emission de billets de confiance et la détermination de la porter à quarante mil livres en billets de cinq et dix sols en commençant d'abord par ces premiers, requérons que MM. les officiers municipaux procèdent à la nomination de ceux de leurs membres qui en seront signataires.

*Reg. A f° 60.*

Signé : DESGROUAS
P' de la Commune.

---

## N° 4

*Première émission municipale*

Dudit jour le corps municipal assemblé ès personnes de MM. Rathier maire, Corufornival, Dupont, Bertre, Brad jeune, Boullie et Desgrouas Procureur de la Commune désirant faire jouir ses concitoyens de l'étendue de ce district de l'avantage d'une émission de billets de confiance de cinq sols et de dix sols ci dessus proposée pour déjouer les manœuvres des ennemis de la chose publique qui ne cessent d'accaparer la monnoye et d'escompter à un grand prix les assignats nationaux même de cinq livres à arrête *sous la responsabilité des individus soussignés* qu'il sera étably des billets de confiance *de cinq sols* et *de dix sols* en échange d'assignats nationaux depuis et compris cinquante livres et jusque et compris cent livres pour la so° de *quarante mille livres* savoir vingt six mille livres en billets de cinq sols et quatorze mille en billets de dix sols, Lesquels seront revêtus tant au pied des dits billets qu'au dos d'iceux des signatures de MM. Rathier, Desgrouas et Bertre et ne pourront être changés en d'au (sic) assignats nationaux de moindre ou de plus grande valeur que celle ci-dessus spécifiée arrête en outre que MM. Rathier maire, et Boullie seront chargés de la distribution des dits billets de confiance et que les billets nationaux qui leurs seront remis seront déposés dans le coffre de la municipalité fermant à trois clefs et dont les clefs leur ont été à l'instant remises ce qu'ils ont accepté et après s'être soumis de rendre compte de la caisse au corps municipal à la première réquisition soit en assignats nationaux soit dans les dits billets de confiance. Arrêté enfin qu'a fur et mesure que les dits billets de confiance seront rentrés soit en tout ou partie, partage en sera fait ainsi que des assignats échangés de trois mois en trois mois et que la perte en sera partagée entre lesdits off$^{ers}$ municipaux et le Procureur de la Commune et ont les sus dits signé avec les autres officiers municipaux le procureur de la Commune et le secrétaire greffier.

Signé : RATHIER jeune, BRAD j$^e$, BERTRE, DUPONT, BOUILLIE, DESGROUAS P$^r$, CORUFORNIVAL, DOZÉ secrétaire.

Reg. A f° 60.

---

### N° 5

*Arrêté relatif à M. Bertre, l'un des signataires des billets*

Du dix sept janvier dix sept cent quatre vingt douze le corps municipal assemblé ès personne de M. Rathier maire, Magné, Lalonde, Corufornival, Dupont, Berthe, Brad j$^e$, Bouillie et Marre Ianos ; sur la représentation faite par un membre que l'émission des assignats de cinq sols et dix sols est très longue et que le public souffre beaucoup de ce retard, a arrêté que pour accélérer ladite émission, M. Bertre un des signataires retranchera de sa signature à partir de ce jour, ces mots, (officier municipal) et se bornera à apposer au dos desd. billets son seul nom. Arrête en outre que samedy prochain, le présent arrêté sera lu et publié aux places publiques de cette ville à bat de caisse affin que personne n'ignore ce changement ; et a le corps municipal signé avec le secrétaire greffier.

Signé : RATHIER jeune, CORUFORNIVAL, BRAD j$^e$, BOUILLIE, BERTRE, DUPONT, DOZÉ secrétaire.

Reg. A f° 61.

## N° 6

*Remplacement de Desgrouas comme signataire des billets*

Le jour et an que dessus (13 février 1792) le corps municipal assemblé ès personnes de MM. Ratier, Corufornival, Berte, Dupont, bouilli, Brad jᵉ sur ce que M. Desgrouas procureur de la Commune nous a remontré que ses fonctions devenaient de jour plus pénible et exigeaient de luy la plus sérieuse étude des loix; qu'il ne peut continuer son assiduité a signer les billets de confiance de cinq et de dix sols que nous émettons chaque jour en échange d'assignats pour le besoin public et qu'il luy soit nommés des suppléans; nous officiers municipaux avons nommés et nommons suppléans signataires aux dits billets de confiance messieurs Brad jeune et Dupont qui nous ont déclarés vouloir bien se charger de laditte tâche, ce que nous avons signés.

Signé : Desgrouas, Pʳ de la Cⁿᵉ, Brad jᵉ,
Corufornival, Ratier.

*Reg. A fº 75.*

---

## N° 7

*Vérification de la caisse du citoyen Hérode*

L'An quatrième de la Liberté le vingt juin mil sept cent quatre vingt douze, nous Louis Ratier Jⁿᵉ, maire et Nicolas Jean Pierre Corufornival officier municipal, sommes transporter en la maison et au domicile de M. Simon Jean Hérode negᵗ demeurant en cette ville a l'effet de vérifier sa caisse patriotique en exécution de la loi du premier avril dernier et au désir de la lettre du Ministre de l'Intérieur du 8 de ce mois, et procédant a lad. vérification, nous avons reconnu que l'émission de billets patriotiques faite par led. s. Hérode est de trente sept mille quatre vingt sept livres, savoir *de cinq livres* dix neuf cent vingt cinq formant la somme de neuf mille six cent vingt cinq livres, *de trois livres* deux mille cent cinqᵗᵉ formant six mille quatre cent cinquante livres, *de cinquante sols*, deux mille six cent vingt cinq formant la somme de six mille cinq cent soixante deux livres dix sols, *de quarante sols*, seize cent cinquante formant la ss mille trois cent livres, *de trente sols* trois mille formant somme de quatre mille cinq cent livres, *de vingt sols* trois mill.<sup>s</sup> deux cent, formant trois mille deux cent livres, *de quinze sols*, trois mille formant la somme de deux mille deux cent cinquante livres *et de dix sols*, deux mille quatre cent formant la somme de Douze cent livres.

Sur laquelle somme de Trente sept mille quatre vingt sept livres il y en a de rentré savoir de *cinq livres* neuf cent soixante dix sept numéros formant quatre mille sept cent quarante livre *de trois livres* six cent quatre vingt dix numéros formant deux mille soixante dix livres, *de cinquante sols* sept cent soix.<sup>te</sup> seize numéros formant dix neuf cent quarante livres, de *quarante sols* cinq cent cinq numéros formant mille dix livres, *de trente sols*, trente huit numéros formant cinquante sept livres, de *vingt sols* soixante quatre numéros formant soixante quatre livres, *de quinze sols* quarante quatre numéros formant trente trois livres et *de dix sols* soixante huit numéros formant trente quatre livres ; Laquelle rentrée forme un total de neuf mille neuf cent quarante huit livres. Partant reste en émission pour la somme de vingt sept mille cent trente neuf livres dix sols qu'il nous a exibée tant en assignats de cinquante livres que de soixante livres et de cinq livres.

Led. s. Herode nous a déclaré qu'il avait arrêté lad. émission dès le vingt un avril dernier ainsi qu'il résulte des affiches imprimées qu'il a fait placer tant dans cette ville que dans les municipalités voisines, et que pour gage et sûreté de ce qui reste en émission desd. billets il possède une maison grande place de cette v., une jolie terre Paroisse de Loisé près cette ville et plusieurs autres terres ès environs de lad. ville et plusieurs marchandises et autres effets mobiliers dont la valeur est bien au delà de lad. somme de vingt sept mille cent trente neuf livres dix sols.

Se soumetant led. s. herode en exécution de lad. loi de cesser non seulement lad. émission mais même de ne pas la renouveler ce qu'il a signé avec nous et le secrétaire greffier.

RATHIER, HERODE, CORUFORNIVAL.

*Reg. B f° 56.*

## N° 8

*Réquisition de Desgrouas au sujet des émetteurs particuliers*

Le 30 septembre l'An premier de la République française, nous procureur de la Commune, témoin des rumeurs qui se passent dans cette ville et des plaintes générales occasionnées par une émission sans bornes de billets de confiance de différentes sommes depuis trois deniers jusqu'à trois livres ce qui augmente les denrées à un prix que personne ne peut s'en pourvoir et particulièrement la classe indigente.

Considérant d'ailleurs que les trois quarts et demi des personnes qui émettent ces billets sont sans fortune et par conséquent susceptibles de banqueroute frauduleuse lors de la rentrée d'iceux requérons que les différens particuliers qui ont émis des billets de confiance dans cette ville soient appelés à fur et mesure qu'ils seront connus, qu'il leur soit ordonné de retirer dans huit jours leurs billets de la circulation avec défense d'en émettre d'avantage et que le délai expiré à défaut de l'avoir fait ils soient mis provisoirement à la maison d'arrest et ensuitte pris contre eux telles conclusions que nous aviserons convenir pour le salut public comme aussi pour le présent requisitoire, Et l'arrêté à intervenir soit lu publié et affiché partout ou besoin sera.

*Reg. A f° 168.*

DESGROUAS,
P<sup>r</sup> de la C<sup>ne</sup>.

---

## N° 9

*Interdiction des émissions particulières*
*Deuxième émission municipale*

Et lesdits jour et an (1<sup>er</sup> octobre 1792) Le Conseil général de la Commune assemblé, délibérant sur la requisitoire du Procureur de la dite commune en datte du jour d'hier relativement aux plaintes sur les différentes émissions de billets de confiance depuis trois deniers jusqu'à trois livres faites par plusieurs particuliers de cette commune dont la majeure partie sont reconnus pour être sans fortune ce qui donnent des craintes aux citoyens qui se trouvent porteurs de ces billets. En conséquence le Conseil Général arrête que dans quinze jours de la publication du présent il sera enjoint aux dits émissionnaires de retirer du commerce lesdites émissions comme contraires à la loi du premier avril dernier fait deffense à tout citoyen d'en émettre à l'avenir sous les peines aux cas appartenantes et que le présent arrêté sera lu publié et affiché dans l'Etendue de cette commune, comme aussi le Conseil Général *en autorisant l'émission desja faite* par la municipalité de billets patriotiques de dix es cinq sous jusqu'à concurrence de *cinquante mille livres*, arrête qu'il sera fait une nouvelle émission pour la valeur *de dix mille livres* en petits billets, *d'un sou, 6 deniers, et 3 deniers* afin de faciliter d'autant plus aux citoyens l'achat des denrées et supléer au défaut de numéraire ou de monnoye nationale de cette valeur, ce que le conseil général, le Procureur de la Commune ont signé avec le secrétaire greffier.

(Signé) BEAU, LE MEUNIER, N. G. P. CORU, PORTEVIN, BOUCHER, QUERU, BRAD fils, GOT, MUTEAU, LEMESNAGER, BRAD je, L. RATHIER, FRETTÉ, BERTRE, MAGNÉ, SOYER, ERAMBERT, MARELANOS, RATHIER jeune et DOZÉ, secrétaire.

*Reg. A f° 109.*

---

### N° 10

*Troisième émission municipale*

Le vingt quatre octobre mil sept cent quatre vingt douze l'an 1er de la République. En la séance du Conseil General permanent de la Commune de Mortagne, ou était le procureur de la Commune substitué.

Il a été observé que le grand Nombre d. billets Patriotiques qui avaient été émis par différents Citoyens de cette ville étant maintenant et journellement retiré du Commerce et toute emission nouvelle de ces caises particulières étant arrêtées, il est necessairement indispensable de remplacer ces billets par une nouvelle émission de billets de cinq sols de la municipalité de cette ville : que la griffe portant le nom du citoyen Maire peut être employée pour la signature, mais qu'il conviendrait pour plus de sureté et pour eviter la contrefaçon de faire aposer au dos la signature, d'un ou de deux membres de la commune. Sur quoi, le Conseil Général prenant en considération l'observation cy dessus, Arrete qu'il sera fait très incessament une nouvelle emission de billets *de cinq sols* pour la valeur *de dix mille livres*, que la griffe du citoyen Rathier maire servira pour la souscription et qu'en outre ces billets seront signés au dos par un membre de la Commune, Procédant à l. nomination des Commissaires signataires, les Citoyens C—, Got, Belin ont été choisis et nommés, arrête aussi que lors de l'impression ces billets un commissaire délégué par le bureau municipal se trouvera présent et fera raporter la Planche à la fin de la séance à la maison commune et au surplus qu'il ne sera rien perçu dorénavant pour l'échange de ces billets et qu'en conséquence les frais d'impression, et le papier seront à la charge de la Commune.

Quéru, Got, Soyer, Le Meunier, Dupont, Brad j<sup>e</sup>, Boucher, Magné, Mare-Lanos, N. J. P. Coru, Bouillie, Erambert, Brad fils, Péan Saint-Martin, Rathier jeune.

*Reg. A f° 178.*

---

### N° 11

*Invitation aux citoyens de recevoir les billets patriotiques*

Le Vingt six octobre mil sept cent quatre vingt douze, L'An premier de la République. Le Conseil général de la Commune instruit qu'un grand nombre de citoyens et notamment les boulangers, s'apuyant du prétexte de l'arrêté du Conseil général du premier de ce mois relatif aux billets patriotiques, refusaient de recevoir aucuns autres billets de confiance que ceux de la municipalité ce qui mettait de grands entraves au commerce et causait des troubles inquiétants.

Considérant 1° que la loi du 1<sup>er</sup> avril d<sup>er</sup> autorise la circulation des billets patriotiques émis par les municipalités et autres corps administratifs ou ceux émis par des particuliers sous leur surveillance immédiate.

Considérant 2° que d'après les dispositions de la même loi, les municipalités ont dû vérifier l'état des Caisses patriotiques et s'assurer de l'existance de fonds suffisants pour former le gage des émissions déjà faites ; et que cette précaution bien gardée ne doit laisser aucune inquiétude sur la solvabilité des émissionnaires.

Considérant 3° que l'arrêté du 1er octobre n'a eu pour objet que d'arrêter les émissions faites par divers citoyens de la Commune, qui n'avaient en caisse aucuns fonds pour servir de responsabilité aux porteurs de ces billets; qu'au reste le Conseil n'a mis ni pu mettre aucun obstacle à la libre circulation des billets patriotiques émis hors le sein de la Commune.

Considérant enfin que ces billets de confiance d'après les mesures de sûreté indiquées par la loi doivent avoir un cours libre, dans ce moment, autant qu'ils l'ont eu par le passé, et jusqu'à ce qu'il ait été rendu une loi qui en arrête le cours.

Déclare que par son arrêté du premier de ce mois, le Conseil Général n'a entendu mettre aucun entrave à la circulation des billets patriotiques étrangers à la commune, que ces billets étant autorisés par la loi du 1er avril, doivent être remis avec plus de confiance aujourd'hui que par le passé, puisque cette loi a établi des mesures de précaution qui doivent mettre les citoyens à l'abri de toute inquiétude : Invite tous les citoyens de la Commune et tous autres qui peuvent y faire commerce à recevoir sans difficulté et à se prêter à la libre circulation de tous billets de caisse patriotique dont le cours est protégé par la loi ; sauf néammoins à reporter aux citoyens de la ville qui avait fait des émissions, les billets respectifs par eux émis et dont la valeur leur sera rendue sur la présentation qu'ils en feront.

Déclare enfin que la municipalité ne fera dorénavant l'échange de ses billets de différentes émissions qu'en assignats de cent, cinquante et cinq livres comme elle l'a fait par le passé. Et sera le présent arrêté lu et publié à bat de caisse dans les endroits ordinaires de la ville et aux prônes des Eglises paroissiales.

Ce qui a été signé des membres du Conseil, du Pr de la Commune substitué et du secrétaire greffier.

QUÉRU, LE MEUNIER, BRAD fils, DUPONT, BRAD Je, BOUCHER, N. J. P. CORU, MARE-LANOS, MAGNÉ, BOULLIE, BERTRE, BATHIER jeune, GOT, PÉAN SAINT-MARTIN, FRETTÉ, ERAMBERT.

Reg. A f° 179.

## N° 12

*Arrêté pour nommer une nouvelle commission de vérification*

Le vingt décembre mil sept cent quatre-vingt douze l'an premier de la République, en la séance du Conseil permanent de la commune de Mortagne.

Vu le décret de la Convention Nationale du 8 9bre dernier concernant les billets de confiance, patriotique et de secour et considérant *que les communes sont responsables de l'insolvabilité des émissionnaires ou du déficit qui pourrait exister dans leurs Caisses* et que l'intérêt de la Commune prescrit au Conseil général de prendre les mesures convenables et indiquées par la loi pour prévenir l'inconvénient de cette responsabilité.

Il est arrêté, oui et ce Requérant le Pr<sup>eur</sup> de la Commune qu'il va être nommé quatre commissaires pris dans le sein du Conseil général, pour conformément à l'art. 8 du décret du 8 novembre faire dans le jour de demain, une nouvelle verification des caisses des particuliers de la ville qui ont mis en circulation des billets patriotiques Lesquels commissaires sont chargés de notifier aux citoyens émissionnaires, qu'ils seront tenus dans trois jours après sa verification, de représenter à la municipalité les assignats ou leurs espèces qui seront nécessaires, pour retirer tous les billets qui sont encore actuellement en circulation souscrits par eux, conformément à l'art. 9 de la même loi.

Et qu'ils seront aussi prévenus que faute de satifaire au dépôt prescrit par cet article dans lesdit délayes de trois jours, ils y seront contraints par les voyes indiquées par l'art. 10.

Ce fait les Citoyens, *Marre-Lanos, Brad j<sup>e</sup>, Boucher* et *Lefèvre-Mesnil* ont été nommés commissaires et ont accepté : Ce qui a été signé.

Romet fils, Boucher, Marre-Lanos, Brad j<sup>e</sup>, Aubert, Got, Souvré, Vavasseur-Desperriers, Rathier jeune.

Reg. A f° 197.

## N° 13

*Comparution des citoyens émetteurs*

Le vingt-un Décembre mil sept cent quatre vingt douze l'an 1ᵉ de la République. En la séance du conseil permanent de la commune de Mortagne.

Les citoyens Marre Lanos, Brad jr, Boucher et Lefèvre commissaires nommés par l'arrêté du conseil permanent du jour d'hier à l'effet de vérifier l'état des Caisses des Citoyens de la Commune qui ont mis en circulation des billets patriotiques, ont observé que ces citoyens n'ayant aucuns registres, relatifs aux émissions par eux faites et n'étant pas possible dès lors de vérifier l'état de leurs caisses, si ce n'est d'après leurs déclarations, ils les avaient engagés de se rendre à la séance du Conseil de la commune pour passer déclaration sur le montant des émissions qu'ils ont pu faire et sur le montant aussi de la rentrée de ces mêmes billets et sur ce qui en restait maintenant en circulation.

A quoi est comparu le citoyen Jean-Alexis *Monanteuil* mᵈ lequel a dit qu'il avait conjointement avec le citoyen *Maillard* boulanger sur la Place, fait imprimer des billets patriotiques de la valeur de *trois sols, six liards, un sol, trois liards, deux liards, et un liard*, jusqu'à concurrence de la somme de trois cent livres, mais qu'il a été brulé à la municipalité, de ces billets avant la signature et l'émission, et qu'il lui en est rentré pour deux cent cinquante livres au moins, de manière qu'il n'en existe plus en circulation que pour cinquante livres au plus. Ce que le citoyen Monanteuil a signé.

MONANTEUIL.

Est aussi comparu le citoyen François *Vaydoré* menuisier demeurant en cette ville, lequel a déclaré avoir mis en circulation conjointement avec le citoyen *Vaudron*, aubergiste pour la valeur de mil livres de billets patriotiques, *de deux sols, un sol, et six deniers* et qu'il lui en est rentré pour cinq cent livres et qu'il en reste aujourd'hui en circulation de ces billets que pour cent cinq livres au plus. Et a signé.

VAUDORÉ.

Est aussi comparu le citoyen Jacques Robert *Charpentier* m^d demeurant en cette ville, lequel a déclaré avoir émis conjointement avec le citoyen Allard-Girard m^d en cette ville, pour la valeur *de mille livres* de billets patriotiques de *quatre, trois, deux et un sol,* et de *six deniers.* Lui en est rentré pour cinq cent soixante-douze livres compris ce qui a été brûlé à la municipalité. De la sorte qu'il reste au plus en circulation actuellement que quatre cent vingt-huit livres de ses billets, et a signé.

Charpentier.<br>Femme Allard.

Est aussi comparu le citoyen Jean Nicolas *Angot* m^d demeurant en cette ville, lequel a déclaré avoir émis pour *trois cent livres* de billets de *quatre, trois, deux, un sol et deux liards* et qu'au moyen des rentrées qui lui ont été faites il n'en reste plus en circulation que pour environ deux cent livres et a signé.

Angot.

Est aussi comparu le citoyen Jean François *Trousse* m^d boulanger demeurant en cette ville, lequel a déclaré avoir mis en circulation pour *huit cent livres* de billets patriotiques, *de trois, deux sols, six liards* et *un sol* et qu'au moyen des remboursements qu'il a faits du montant de ces billets il n'en reste en circulation que pour cinq cent livres au plus et a signé.

Trousse.

Est aussi comparu le citoyen Jacques *La Porte* aubergiste, dem^t en cette ville, lequel a déclaré avoir émis pour *deux cent livres* de billets patriotiques, de *vingt, quinze, dix, cinq, quatre, trois, deux sols, six liards* et *un sol* qu'il lui en est rentré pour trente deux livres et qu'il en reste en circulation pour cent soixante huit livres et a signé.

Jacques La Porte.

Est aussi comparu Marie-Jeanne *Pierriau* f^e de Thomas *Lemaire* m^d demeurant en cette ville, laquelle a déclaré que son mari a fait imprimer pour *cinquante livres* de billets patriotiques de *trois sols, deux sols, six liards, un sol* et *deux liards,* qu'elle en a fait souscrire par son fils, parce que son mari ne sait signer, qu'il lui en est rentré pour cent sols et qu'il n'en reste en circulation que pour quarante cinq livres et a signé

f^e Lemeire.

Est aussi comparu le citoyen Pierre Joseph *Legras* fils marchand demeurant en cette ville, lequel a déclaré avoir emis pour *huit cent livres* de billets patriotiques, de *quatre, trois, deux, un sol* et *six deniers*, qu'il lui en est rentré pour environ trois cent livres, et qu'il en reste en circulation pour cinq cent livres seulement et a signé.

Pierre-Joseph LEGRAS fils.

En suite le procureur de la commune a requis conformément aux dispositions de la loi du 8 9bre que dans trois jours les citoyens ci devant nommés fussent tenus de représenter et déposer à la municipalité, les sommes équivalant à la valeur des billets existant encore actuellement en circulation : qu'ils fussent tenus aussi de nommer un préposé pour conjointement avec le commissaire de la municipalité, faire le remboursement du montant de leurs billets, a fur et mesure qu'ils seraient rapportés.

Et sur ce que les citoyens ci-devant nommés ont proposé de fournir chacun à leur égard, bonne et suffisante caution pour répondre solidairement avec eux de la valeur de leurs billets encore en circulation qu'à ce moyen ils se chargeraient eux-mêmes de faire le remboursement de leurs billets à fur et mesure qu'ils leurs seraient représentés, et de les rapporter ensuite à la municipalité pour être brulé chaque semaine en présence du peuple et du corps municipal qui en dressera état et procès-verbal.

Le Conseil général considérant que la mesure de précaution qui lui est indiquée par la loi pour l'intérêt de la commune se trouve remplie par la proposition les offres et soumissions des émissionnaires de billets Patriotiques. Arrête que dans trois jours ils seront tenus de présenter et faire recevoir devant le corps municipal, Bonne et suffisante caution qui s'obligera solidairement avec chacun d'eux à faire le remboursement des billets patriotiques par eux respectivement émis et qui se trouvent encore actuellement en circulation. Et qu'au surplus les dits citoyens emissionnaires seront chargés d'en faire eux-mêmes l'échange à fur et mesure qu'ils leurs seront présentés, et qu'ensuite ils les raporteront à la municipalité pour être brulé chaque semaine en présence du peuple et du corps municipal qui en dressera état et procès-verbal.

Et à l'instant les citoyens Monanteuil tant pour lui que pour Maillard, Vaudoré tant pour lui que pour Vaudron, Charpentier tant pour lui que pour Allard, Angot, Trousse, Laporte, Lemaire et Legras fils se sont soumis et obligé d'exécuter dans tout son contenu le présent arrêté.

Ce qu'ils ont signé avec les membres du Conseil Général permanent, le procureur de la Commune et le secrétaire greffier.

Signé : MONANTEUIL, TROUSSE, CHARPENTIER femme ALLARD, ANGOT, LEGRAS fils, LEMAIRE, VAUDORÉ, Jacques LAPORTE, SOUVRÉ, TRÉMOIS, ROMET marchand, BRARD, VAVASSEUR-DESPERRIERS, L. RATHIER, BOUILLIE, AUBERT, PÉAN SAINT-MARTIN, BRAD jne, GUERNET, BOUCHER-HÉRODE, RATHIER jeune.

*Reg. A f° 197.*

---

### N° 14

*Soumission par la citoyenne Charpentier et le citoyen Allard*

Le vingt-quatre Décembre mil sept cent quatre-vingt-douze, l'an premier de la République, En la séance du Conseil général permanent de la Commune de Mortagne.

Est comparu la Citoyenne Marie Pivot Vve de Jacque Robert Charpentier md. demel. en cette ville paroisse Notre-Dame ; Laquelle en conséquence de la soumission faite par le citoyen Jacque-Robert Charpentier son fils, à la suite et pour l'exon de l'arrêté du Conseil général du vingt-un de ce mois, a offert de se rendre caution et repondante solidaire de l'Emission faite par son fils et par le citoyen Allard conjointement, de billets patriotiques et pour sureté du remboursement à faire aux porteurs de ces billets de leur valeur à fure et mesure qu'ils seront présentés.

Sur quoi Ouï le Pres de la Commune, le Conseil Général a reçu la citoyenne Vᵉ Charpentier pour caution et repondante de son fils et du citoyen Allard, relativement au Payement et remboursement à faire, du montant des billets patriotiques, par eux émis et qui se trouvent encore actuellement en circulation, et lui a donné acte de ce qu'elle a fait pour raison dud' cautionnement. Toute soumission requises et nécessaires et de ce qu'elle s'oblige conjointement et solidairement avec les émissionnaire à compter le montant desd. billets en circulation aux citoyens qui en sont porteurs et à fure et mesure qu'ils les représenteront.

Ce qu'elle a signé avec les membres du Conseil G¹ le P¹ᵉˢ de la commune et le secrétaire greffier.

Vᵉ Charpentier, Bertre, Mare-Lanos, Souvré, L. Rathier, Romet, Vavasseur - Desperriers, Hibout - Brière, Bouillie, Lallemand, Hérode, Baillie, Le Meusnier, Gannivet, Fraboulet, Erambert, Belin, Aubert, Boucher, Bail, Tiremois, Got, Rathier jeune, Falliot.

Reg. A f° 200.

---

### N° 16

*Dépôt par le citoyen Hérode de 5000 livres assignats*

Le vingt-sept Décembre mil sept cent quatre-vingt-douze l'an premier de la république. En la séance du Conseil permanent de la commune de Mortagne.

S'est présenté le citoyen Hérode, nég¹ demeurant en cette ville rue Notre-Dame lequel pour se conformer aux dispositions de la loi *du 8 9ᵇʳᵉ dernier*, concernant les billets de confiance patriotique et de secours, a déposé et remis sur le bureau, la somme de cinq mille Livres en assignats de cinquantes livres et de cinq livres, pour être employé au remboursement des billets patriotiques, par lui émis et restant encore actuellement en circulation, sauf a augmenter en cas d'insuffisance, ou a retirer dans le cas ou la dite somme exederait le montant des billets, qui sont encore actuellement dans la commune, laquelle somme a été reçue par les citoyens Rathier, Tiremois et Vavasseur membre du bureau municipal et qui se sont chargés du consentement du citoyen Hérode, de faire le remboursement de ses billets a fur et à mesure qui leur seront présentés ; et en tant que de besoins.

Le citoyen Bouillie officier municipal a été indiqué par le citoyen Hérode, pour de concert avec les membres du bureau municipal ou l'un deux, faire le remboursement desd. billets, au surplus le citoyen Hérode a consenti que ses billets une fois retiré, fussent brulés chaeque semaine en présence du peuple, et du corps municipal, et en sa présence ou en celle du citoyen

Bouillie qui assistera à l'Etat qui en sera dressé avant la brulure.

Dont acte et extrait du présent dépot sera délivré au citoyen Hérode ; ce qu'il a signé avec les membres du Conseil permanent, le procureur de la commune et le secrétaire greffier.

HÉRODE, BOUILLIE, GOT, TIREMOIS, AUBERT, BAILLY, BOUCHER, VAVASSEUR-DESPERRIERS, L. RATHIER, SOUVRÉ, ROMET, BRARD, RATHIER jeune.

*Reg. A f° 200.*

---

### N° 16

*Annonce du premier brûlement de billets de confiance*

Ce jourd'hui vingt-huit décembre mil sept cent quatre-vingt douze, l'an 1ᵉʳ de la République : ... Il a été annoncé aussi à bat de caisse que ce jourd'hui à tois heures au corps de garde il allait être brulé publiquement pour douze mil livres de billets Patriotiques de la municipalité rentrés et remboursés jusqu'à présent.....

En témoin de quoi le présent acte a été dressé.

GOT.

*Reg. A f° 201.*

---

### N° 17

*Premier brûlement de billets de la municipalité*

Le vingt-huit décembre mil sept cent quatre-vingt douze, l'an premier de la République trois heures de relevée Il a été en exⁿ de la loi du huit novembre dⁱᵉʳ, ouï et ce requérant, le procureur de la Commune, procédé, en présence tant du corps municipal que des citoyens Magné, Coru, anciens officiers municipaux pour ce apellés, et aussi en présence du peuple, au brulement de billets patriotiques *de la municipalité,* tant de *dix et de cinq sols* de la *1ʳᵉ Emission* que de *cinq sols, un sol et six deniers de la seconde emission* remboursés et rentrés jusqu'à ce jour, pour la somme totale de *Treize mille quatre cent trente-*

*trois livres,* suivant état et bordereau des citoyens Rathier maire, Boullie, officier municipal et commissaires de la municipalité en cette partie. En témoin de quoi le présent procès-verbal a été dressé et signé tant du corps municipal et des citoyens Magné et Coru que du p<sup>eur</sup> de la commune et du secrétaire greffier.

 Brad j<sup>e</sup>, Magné, N. J. Coru, Tiremois, Mare-Lanos, Vavasseur - Desperriers, Souvré, Got, Belin, Boullie, Romet fils, Rathier j<sup>e</sup>.

*Reg. A f° 201.*

---

## N° 18

### 1<sup>er</sup> *Brûlement de billets Angot et La Porte*

Le vingt-huit décembre mil sept cent quatre-vingt douze l'an premier de la République.

Il a été brulé publiquement conformément aux dispositions de la loi du 8 9<sup>bre</sup> dernier pour la somme de *soixante-dix sept livres* de Billets patriotiques du citoyen *Angot* dont il a fait le remboursement et qu'il a à cet effet représenté.

Il a en été aussi bruslé pour *quatre-vingt-six livres* de ceux du citoyen *Laporte* par lui aussi représenté et qu'il a remboursé depuis l'arrêté de la commune du vingt-un de ce mois. Dont acte qui a été signé desdits Angot et la Porte et des membres du conseil permanent, du procureur de la commune et du secrétaire greffier.

 Angot, Jacques Laporte, Brard, Romet fils, Souvré,
   Tiremois, Got, Rathier jeune.

*Reg. A f° 201.*

---

## N° 19

### *Soumission des citoyens Monanteuil et Lemaire*

Le vingt-huit décembre mil sept cent quatre-vingt-douze l'an premier de la République. En la séance du conseil permanent de la commune de Mortagne.

Sont comparu les citoyens Jean Alexis *Monanteuil* et Thomas

*Le maire* marchands demeurant en cette ville, lesquels pour satisfaire à l'arrêté de la commune du vingt un de ce mois ont déclaré respectivement se rendre caution et répondant solidaire l'un de l'autre, pour raison du remboursement des billets patriotiques, par eux émis et restant encore actuellement en circulation, et ils ont chacun à leur égard, fait pour raison dud. cautionnement, toute soumission requises et nécessaires, Dont acte et a Le citoyen Monanteuil signé avec les membres du conseil permanent, le procureur de la commune et le secrétaire greffier à l'égard du dit *Le maire* il a déclaré ne le savoir de ce interpellé.

MONANTEUIL, BERTHE, ROMET fils, VAVASSEUR-DESPERRIERS, SOUVRÉ, TIREMOIS, GOT, RATHIER, jeune.

*Reg A f° 202.*

---

## N° 20

### 2e *Brûlement de billets Angot*

Le quatre janvier mil sept cent quatre-vingt-treize l'an second de la République.

Il a été brûlé publiquement pour *vingt-deux livres treize sols* de billets patriotiques du citoyen Angot par lui remboursés et qu'il a remis à la municipalité pour être brûlés, ce qu'il a signé.

ANGOT, GOT, SOUVRÉ, RATHIER jeune.

*Reg. A f° 203.*

---

## N° 21

### 2e *Brûlement de billets de la municipalité*

Le quinze janvier mil sept cent quatre-vingt-treize l'an second de la république, dix heures du matin Il a été en exécution de la loi du huit novembre d<sup>er</sup>, ouï et à ce requérant le procureur de la commune, et en présence tant du corps municipal que des citoyens Magné, Coru et Dupont, anciens officiers municipaux pour ce apellé et aussi en présence du peuple, procédé au brûlement des billets patriotiques de la municipalité, tant de *dix* et de *cinq sols* de la *première émission* que de *cinq sols, un sol* et *six deniers* de la *seconde emission*, rentrés et remboursé jusqu'à ce jour, Pour la somme totale de *neuf mille cinq cent trente-une livres* suivant état et bordereau du citoyen Rathier maire et Boullie officier municipal commissaire en cette partie. Le tout après annonce préalablement fait à Bat de caisse en la manière ordinaire. En témoin de quoi le présent Procès-verbal a été dressé et signé tant du corps municipal et des citoyens, Magné Coru et Dupont, que du procureur de la commune et du secrétaire greffier.

N. J. P. CORU, DUPONT, MAGNÉ, L. RATHIER, BOUILLIE, VAVASSEUR - DESPERRIERS, BRAD j<sup>ne</sup>, TIREMOIS, MARCHAND, RATHIER jeune.

Reg. A f° 205.

---

### N° 22

#### 1<sup>er</sup> Brûlement de billets Hérode

Et ledit jour vingt-huit janvier mil sept cent quatre-vingt-treize il a été en exécution de la loiy du huit novembre dernier, procédé au Brulement des billets patriotiques du citoyen Hérode à ce présent rentré et remboursé jusqu'à ce jour pour la somme totale de *quinze cens quatre-vingt-six livres dix sols* suivant l'état et Bordereau du citoyen Rathier maire, Thiremois et Vavasseur Desperriers, officiers municipaux commissaires chargés pour le remboursement des dits billets jusqu'à concurrence de cinq mille livres qui leur ont été déposées par le dit citoyen Hérode, de laquelle somme de *quinze cent quatre-vingt-six livres, dix sols*, Les dits citoyens Rathier, Tiremois et Vavasseur Desperriers se trouvent d'autant déchargé par led. citoyen Hérode sur celle susdite de cinq mille livres au moyen de cette première opération. Le dépot ci devant énoncé se trouve réduit à la somme de trois mille quatre cent treize livres dix sols. Le tout fait en présence du corps municipal et du Conseil général de la commune en témoin de quoy ce procès-verbal a été dressé et signé.

HÉRODE, COUVRÉ, BOUILLIE, AUBERT, BOUCHER, ROMET fils, GOT, BRARD, L. RATHIER, MARCHAND, LE MEUNIER, TIREMOIS, RATHIER, jeune.

Reg. A f° 208.

## N° 23

*3e Brûlement de billets Angot*

Le premier février mil sept cent quatre-vingt-treize l'an 2e de la République.

Il a été brulé publiquement pour *quarante-quatre livres onze sols* de billets patriotiques du citoyen Angot qu'il a représentés et qu'il a remboursés.

Dont acte signé de lui et des membres de la municipalité.

                Got, Souvré, Rathier jeune.

*Reg. A f° 208.*

---

## N° 24

*3e Brûlement de billets de la municipalité*

Le quatre février mil sept cent quatre-vingt-treize l'an deux de la République.

Il a été en exécution de la loi du 8 9bre dernier ouï et ce requérant le procureur de la Commune, brulé publiquement en présence du corps municipal et aussi en présence du peuple des billets de confiance de la municipalité de Mortagne *des deux différentes emissions* et de diverses valeurs rentrées et remboursées juqu'à ce jour, pour la somme totale de *sept mille quatre cent soixante sept livres douze sols* suivant état et bordereau des citoyens Rathier maire et Boullie officier municipal commissaire de la municipalité en cette partie. Le tout après que ladite brulure a été annoncée à Bat de caisse dans les lieux ordinaires de cette ville en la manière accoutumée. En témoin de quoi le présent procès-verbal a été dressé et signé des membres de la municipalité, du procureur de la commune et du secrétaire greffier.

          Got, Brad jne, Tirémois, Vavasseur-Desperriers,
                      Rathier jeune.

*Reg. A. f° 210.*

## N° 25

### 2e Brûlement de billets Hérode

Le dix neuf février mil sept cent quatre-vingt treize l'an deux de la république.

Il a été en exécution de la loi du 8 9bre dernier procédé à la brulure des billets patriotiques du citoyen Hérode à ce présent rentré et remboursé depuis le dernier arrêté pour la somme *de douze cent soixante quinze livres cinq sols* suivant l'état et Bordereau des citoyens Rathier maire Tiremois et Vavasseur Desperriers officiers municipaux commissaires chargés pour le remboursement des dits billets jusqu'à la concurrence de cinq mille livres qui leur ont été déposées par le dit Citoyen Hérode; de laquelle somme de douze cent soixante quinze livres cinq sols, les dits citoyens Rathier Tiremois et Vavasseur Desperriers trouvent d'autant déchargés sur celle de cinq mille livres et au moyen de cette seconde opération le dépôt cy dessus énoncé se trouve réduit à la somme de deux mille cent trente-huit livres cinq sols. Le tout fait en présence du corps municipal et membre du conseil général de la commune de Mortagne. En foi de quoi le procès-verbal a été dressé et signé.

HÉRODE, BRARD, GOT, TIREMOIS, BOUCHER, BRAD fils, FRABOULET, BRAD jeune, SOUVRÉ, RATHIER jne.

Reg. A f° 221.

---

## N° 26

### 4e Brûlement de billets de la municipalité

Le premier Mars mil sept cent quatre-vingt-treize l'an deux de la république. En la séance du corps municipal de Mortagne ou était le Pr de la Commune Il a été en exon de la loi du 8 9bre der ouï et ce requérant le Pr de la Commune, brulé publiquement, en présence du peuple, pour la somme de *cinq Mille cinq cent trente cinq livres* de billets de confiance émis par la municipalité rentrés et remboursés, depuis le 4 février der jusqu'à ce jour suivant état et bordereau des citoyens Rathier maire et Boullie officier municipal, commissaire de la municipalité en cette partie. Le tout après que la d. Brulure a été annoncée et à Bat de Caisse en la manière accoutumée. En témoin de quoi le présent procès-verbal a été dressé en présence du Citoyen Dupont ancien officier municipal et signé de lui et des membres présents de la municipalité et du secrétaire greffier.

Dupont, Boullie, Aubert, Lemesnager, Brad fils, Vavasseur-Desperriers, Tiremois, Charles Boulangé, L. Rathier fils, Billard, Got pr de la Cne, Fraboulet, Boucher, Rathier jeune.

*Reg. A f° 220.*

### N° 27

*5e Brûlement de billets de la municipalité*

Le vingt-six mars mil sept cent quatre-vingt-treize l'an deux de la république en la séance du corps municipal de Mortagne.

Il a été brulé publiquement ouï et ce requérant le procureur de la commune pour *trois mille sept cent livres* de billets de confiance émis par la municipalité rentré et remboursé depuis la dernière brulure, et ce en présence des officiers municipaux soussignés, et aussi en présence du peuple, En témoin de quoi le présent procès-verbal a été dressé et signé.

Got, Tiremois, Boullie, Aubert, Rathier, jeune.

*Reg. A f° 256.*

### N° 28

*6e Brûlement de billets de la municipalité*

Le premier Mai mil sept cent quatre-vint-treize l'an second de la république Françoisse en la séance du corps municipal de Mortagne. Il a été brulé publiquement ouï et ce requérant le procureur de la commune pour *trois mille cent quarante quatre livres* de billets de confiance émis par la municipalité, rentrés et remboursés depuis la dernière brûlure. Et ce en présence des officiers municipaux soussignés, en témoin de quoi, le present procès verbal a été dressé et signé.

Tiremois, Aubert, Brad je, Boullie, Mare-Lanos, L. Rathier, Rathier jeune.

*Reg. A f° 267.*

## N° 29

### 3e Brûlement de billets Hérode

Le vendredy dix-septième jour de May, mil sept cent quatre-vingt-treize, l'an segond de la République, il a été en exécution de la loy du huit novembre d<sup>er</sup> procédé à la brulure des billets patriotiques du Citoyen Hérode à ce présent, rentrés et remboursés depuis le dernier aresté en datte du 19 février d<sup>er</sup> pour la somme de *quinze cent cinquante-quatre livres*, suivant l'état et bordereau des citoyens Rathier maire, Tirremois et Vavasseur desperiées officiers municipaux, commissaires chargés pour le remboursement des dits billets jusqu'à la concurrence de cinq mille livres qui leur ont été déposée par le dit citoyen Hérode, de laquelle somme de quinze cent cinquante quatre livres les dits citoyens Rathier, Tiremois et Vavasseur se trouvent déchargés d'autant sur la somme susditte de cinq mille livres et au moyen de cette troisième opération, le dépot précité se trouve réduit à la somme cinq cent quatre vingt quatre livres cinq sols. fait en présence du corps municipal et conseil général de Mortagne, en foy de quoi le présent procès verbal a été dressé.

           HÉRODE, VAVASSEUR-DESPERIERS, TIREMOIS, BRAD j<sup>e</sup>,
           MARE-LANOS, BELIN.

*Reg. A f° 277.*

---

## N° 30

### 7e Brûlement de billets de la municipalité

Le vingt-sept juin mil sept cent quatre-vingt treize l'an deux de la République, en la séance du Conseil permanent de la commune de Mortagne.

Il a été brulé publiquement ouï et ce requérant le procureur de la Commune pour *deux mille soixante sept livres* de billets de confiance émis par la municipalité rentrés et remboursé depuis la dernière brulure et ce en présence des membres du conseil Général permanent soussignés. En témoin de quoi le présent procès-verbal a été signé.

           BELIN, L. RATHIER, BRAD j<sup>e</sup>, ERAMBERT, TIREMOIS,
           MARE-LANOS, RATHIER jeune.

*Reg. A f° 296.*

## N° 31

### 4e Brûlement de billets Hérode

Le troisième jour de Juillet mil sept cent quatre vingt treize, l'an deuxième de la république françoisse il a été en exécution de la loy du huit novembre dernier, procedé à la brulure des billets patriotiques du citoyen Hérode à ce présent rentrés et remboursés depuis le dernier arreté en datte du 17 Mai dernier pour la somme de *quatre cent trente deux livres* suivant l'état et bordereau des citoyens Rathier maire, Tiremois et Vavasseur Desperriers officiers municipaux, commissaires chargés pour le remboursement desd. billets jusqu'à la concurrence de cinq mille Livres qu'il leur ont été par led. citoyen Hérode, de laquelle somme de quatre cent trente deux livres lesdits citoyens, Rathier, Tiremois et Vavasseur Desperriers se trouvent d'autant déchargés sur celle susdite de cinq mille livres et au moyen du remboursement cy dessus, le dépot précité se trouve réduit à la somme de cent cinquante deux livres cinq sols, laquelle restante des cinq mille livres cy dessus enoncée a été remise aux mains dud. citoyen Hérode qui l'a reçue en présence du corps municipal, et au moyen de cette remise led. citoyen Rathier, Tiremois et Vavasseur-Desperiers se trouvent déchargés de la totalité des cinq mille livres déposées par led. citoyen Hérode entre leurs mains, Ce que le dit Citoyen Hérode a signé avec les membres composant le corps municipal.

HÉRODE, VAVASSEUR-DESPERRIERS, TIREMOIS, SOUVRÉ, BOULLIE.

*Reg. A f° 298.*

---

## N° 32

### 8e Brûlement de billets de la municipalité

Le vingt-un août mil sept cent quatre-vingt-treize l'an deux de la République Françoise une et indivisible en la Séance du Conseil permanent de la Commune de Mortagne.

Il a été brûlé publiquement ouï et le requérant le procureur de la Commune pour *quinze-cent-soixante-dix livres, six sols* de billets de confiance émis par la municipalité rentré et remboursé depuis la dernière brûlure, et ce en présence des membres du conseil permanent soussigné.

En foy de quoi le présent procès-verbal a été signé.

     VAVASSEUR-DESPERRIERS, TIREMOIS, HÉRODE,
       BERTRE, AUBERT.

*Reg. A f° 314.*

---

### N° 33

*9e Brûlement de billets de la municipalité*

Le dix sept pluviose l'an deux de la République francoisse une et indivisible. En la séance du conseil permanent de la Commune de Mortagne, il a été brulé publiquement ouï et ce requérant l'agent de la commune pour *trois mille trois cent quatre-vingt sept livres* de Billets de confiance émis par la municipalité rentrés et remboursés depuis la dernière brulure du 21 Août dernier et ce en présence des membres du conseil permanent soussigné, En foy de quoi le présent procès-verbal a été signé.

  FALLIOT, MUTAU, CHÉCHIN, FIZET ag$^t$ n$^{al}$ c$^{ne}$, DUJARRY,
    HERVÉ, ROCQUESMONT, CHOISNARD, PINARD.

*Reg. A f° 366.*

---

### N° 34

*État de situation de la caisse patriotique*
*Demande d'espèces monnayées*

Du 10 Prairial l'an second de la République Française une et indivisible.

Le Conseil général de la commune de Mortagne département de l'Orne en permanence, après s'être fait représenter l'état de situation de l'état de Caisse des petits billets patriotiques ou de confiance qu'il a émis ces deux dernières années pour subvenir au déffaut de petite monnaye, considérant qu'il résulte de cet état *que ces petits billets sont presque tous rentrés* que les dernières lois de la convention nationale ne permettant plus le cours de cette monnaye de confiance, la commune se trouverait sous peu privée de ce secours indispensable pour des appoints et achats de menues denrées s'il ni était pourvu en usant des voyes et moyens indiqués par ces mêmes lois.

A arrêté ouï l'agent national substitué, que le bureau municipal demeurait chargé et hautorisé par le présent de demander à l'administration de ce district, une ordonnance qui permette au procureur de ce district de lui délivrer jusqu'à la concurrence de trois mille livres de petites monnayes de toute espèce au dessous de dix sols en échange de pareille somme en assignats pour distribuer aux citoyens au fur et mesure de leur besoin journalier.

Fait signé et arrêté par les membres présents, le citoyen Dupont, assistant nommé pour faire provisoirement les fonctions d'agent national et de secrétaire greffier.

  Soyer, Baumont, Lallemand, Guestre, J. Chantenoy, M. Charton, Falliot, Dujary, Rathier, Cochard, Bernard, Hervé, Chéchin, Hayot, Maillard, Bouché, Dozé secrétaire, Dupont agent substitué.

Reg. A f° 385.

## N° 35

*Délibération concernant les dépenses du couvent Saint-François*

Aujourd'hui vingt-cinq fructidor, deuxième année de la République française une et indivisible, le Conseil Général de la commune c'est assemblé et a nommé, les citoyens Cochard, Bernard, Chartrain, Beaumont, Than commissaires pour examiner trois états de dépenses et un état de recettes déposés sur le bureau par les citoyens Rathier et Boullié chargés de la direction de la caisse patriotique vérification et examin fait les commissaires n'ont rien vu qui ne fût à alloué c'est pourquoi il propose au dit conseil d'après la loi du vingt-trois messidor sur la réunion de l'actif et passif sur les Hôpitaux au domaine national, et sur la liquidation du passif de ces établissements et afin de prendre les précautions pour assurer les créances qui sont dues par caution à ceux qui en ont fait les avances et après s'estre fait représenter tous les mémoires renseignements, états et pièces justificatives qui peuvent constater les dettes de la maison, examen fait des dits états il a été constaté 1° Que les citoyens Rathier et Boullie membres de cette commune ont avancé pour subvenir aux besoins de la dite maison vu l'insuffisance de ses revenus et pour faire l'acquisition et changement nécessaire au couvent de S¹ François pour recevoir l'hospice en vertu d'une assemblée de tous les citoyens de la Commune du mois de septembre de 1792 *une somme de seize mille sept cent cinq livres, quatre sols, sept deniers qu'ils ont pris sur les fonds des billets de confiance de cette commune* que les états ont été certifiés par les membres chargés de la Direction de la Caisse des dits billets de confiance, le neuf de ce mois, et par les membres de l'administration de l'hopital le seize de ce mois.

Il a été constaté en deuxième lieu que le citoyen Rathier maire, chargé particulièrement de la recette des subsistances et le citoyen Boullie de celle de la caisse patriotique, ont également avancé pour les besoins du dit Hopital une somme de dix mille deux cent trente livres quatorze sols, six deniers sans laquelle somme avancée, tous les payements à la charge dudit Hopital, détaillé en l'état joint eprouvé un retard qui aurait nuit aux intérêts des malheureux et au service de la maison, que cet état est certifié par les dits membres chargés de la recette des subsistances et de la Caisse patriotique le seize de ce mois et même jour par les administrateurs de la ditte maison.

MONANTEUIL, LEFÈVRE, BEAUMONT, FALLIOT, DUJARY, HERVÉ, SOYER, MAILLARD, LALLEMAND, MAILLARD, TARTARIN, HAYOT, BOUCHÉ, BERNARD, COCHARD, CONU secrétaire.

*Reg. A f° 410.*

N° 36

### 10° Brûlement de billets de la municipalité

Le trente fructidor l'an deuxième de la république une et indivisible en la séance du conseil permanent de la commune de Mortagne, il a été brûlé publiquement oui et ce requérant l'agent national de la commune pour *deux mille trois livres quatorze sols* de billets de confiance émis par la municipalité rentrés et remboursés depuis la dernière brulure du dix sept pluviose dernier et ce en présence des membres du Conseil permanent soussignés les dits jours et an que dessus.

   Bouché, Rathier, Hérode, Soyer, Tan, Muteau fils, agent national, Dujary, Lefèvre, officier municipal, Hayot, Tartarin, Besnard, Maillard, Monasteuil, Falliot, Coru secrétaire.

Reg. A f° 412.

---

N° 37

### 11° Brûlement de billets de la municipalité

Le douze floréal, Troisième année de la République une et indivisible en la séance de la Commune il a été brûlé publiquement ouy l'agent national pour *six cent quatre vingt-deux livres, seize sols, six deniers,* des billets de confiance émis par la municipalité et remboursés depuis la ditte brulure du trente fructidor dernier en présence des membres soussignés.

   Hérode, Marre, notable, Marchand, Simonneau, Touchard, Soyer, Tartarin, Bigouné, Muteau fils agent national, Coru secrétaire.

Reg. A f° 455.

---

## N° 38

*Réclamation des citoyens de Saumur*

DÉPARTEMENT DE
MAINE ET LOIRE     LIBERTÉ     ÉGALITÉ

*District de Saumur*

*Billets de confiance*
N° 1202

Saumur le premier prairial
l'an 3 de la République
française une et indivisible.

Le Procureur Syndic du District de Saumur
aux Administrateurs du District de Mortagne
département de l'Orne,

Citoyens,

Plusieurs citoyens de ce District, propriétaires de billets de confiance émis par différentes Municipalités, Districts et Départements nous ont déposé ces billets dans le temps déterminé par la Loi. Notre Département prit alors des mesures pour pouvoir en faire l'échange dans chacun des autres Départements d'où ils étaient sortis ; mais les troubles dont notre pays a malheureusement été trop longtemps affligé n'ont pas permis de suivre l'effet de ces mesures. Actuellement que nous sommes un peu plus tranquilles je dois m'occuper de rappeler l'ordre et je ne peux négliger de veiller aux propriétés des Administrés.

Les Lois des 8 Novembre et 19 Décembre 1792 fixaient à la vérité un délai passé lequel les porteurs de ces billets devaient être déchus de leurs recours contre les corps, communes et particuliers émissionnaires.

Mais cette disposition me semble absolument abrogée par les Lois des 11 ventôse an deuxième et 26 floréal an troisième.

Il résulte de ces deux Lois que les émissionnaires ont dû verser dans les Caisses des Receveurs de District le montant des billets en circulation ; que ces fonds ont dû être envoyés à la Trésorerie Nationale : l'Agent National du District a dû poursuivre ces versements.

C'est dans cette caisse que les porteurs des billets doivent trouver leur remboursement.

                                             6.

La somme de ceux émis par votre Municipalité qui sont déposés au Secrétariat de ce District s'élève à 25 l. dont les propriétaires demandent à être remboursés.

Faites moi, je vous prie, le plaisir de me dire si le dépôt a été fait dans la Caisse de votre District et si je puis y faire présenter leurs billets après visa pour y être remboursés.

Je me flatte d'avance d'une réponse satisfaisante bien persuadé que les lois conservatrices des propriétés des absents auront été scrupuleusement observées.

Salut et fraternité

CHASTES.

*En marge les deux mentions suivantes :*
1ère Copie de cette lettre a été envoyée au c<sup>en</sup> Rathier fils par le P<sup>r</sup> Syndic.
2° Le dépôt n'ayant point été fait à la Caisse du District, c'est le citoyen Rathier qui doit rembourser. Cette lettre prouve la nécessité de prendre un parti sur les billets de confiance, l'agent national doit veiller à l'exécution des lois (Signé) *Mercier*.

*Archives de l'Orne, Série L, n° 3252.*

---

## N° 39

Saumur le 13 vendémiaire an IV
de la République française et indivisible.

le Procureur Syndic du District de Saumur
aux Administrateurs du District de Mortagne
Département de l'Orne

### Citoyen

Par une circulaire du 1<sup>er</sup> prairial je vous donnais avis que plusieurs de vos administrés avaient déposé au Secrétariat du District des billets de confiance émis par vous ou votre municipalité montant à la somme de vingt cinq livres et vous invitai de me dire si je pouvais les faire présenter à votre receveur pour être remboursés.

Par une lettre du 24 Messidor suivant, je vous rappelais cette circulaire vous faisant part de l'impatience que les propriétaires de ces Billets montraient d'en toucher la valeur et quoique persuadé que le dépôt qui en faisait la garantie n'avait pas été violé je vous manifestais le désir de recevoir de vous une Réponse avant de vous adresser les Billets.

Je n'ai encore rien reçu de votre part, sans doute ou mes lettres ne vous sont pas parvenues ou vos occupations vous ont fait perdre de vue ma demande ; je vous prie donc, au nom de la fraternité, de me donner un mot de réponse, afin que je sache à quoi m'en tenir et quoi statuer sur les réclamations des propriétaires de ces billets.

Salut et fraternité

CHASLE.

*Archives de l'Orne, série L, n° 3252.*

---

## N° 40

### 12° Brûlement de billets de la municipalité

En la séance du deux nivos de l'an 4 de la république, présidée par Aubert, ou étaient Dupont et le fèvre Mesnil suppléant du Commissaire provisoire. Il a été en exécution de la loi du huit Novembre 1792 et a la Requisition de J. L. Rathier fils, procédé en présence, tant de l'administration que du requérant et des citoyens, au brûlement de billets patriotiques de la municipalité de *dix* et de *cinq* sols de la première émission, de *cinq sol, un sol* et *six deniers*, des émissions suivantes remboursées par le citoyen Rathier père ou son fondé de pouvoir, et à valoir sur son compte pour la somme de *douze cent quarante deux livres, deux sols* suivant les bordereaux présentés par le C$^{ren}$ Rathier fils, compté et vérifié par la ditte administration, ce qu'ils ont signé avec le requérant, le dit jours, mois et an que dessus.

RATHIER fils, DUPONT, AUBERT, LE FÈVREMESNIL C. d. P. exécutif.

*Reg. C f° 10.*

## N° 41

*Nomination de commissaires pour l'examen du compte Rathier*

Le neuf Pluviôs l'an 4 de la République, une et indivisible en la séance publique ou étoient, Aubert Président, Dupont, Rathier fils et Gohier supléant le Commissaire du pouvoir exécutif.

Vu la lettre des administrateurs du département reçu le 7 Pluviôs qui presse l'ancienne administration de district de rendre compte des deniers et grains reçu du gouvernement L'administration considérant que la commune de Mortagne entre pour beaucoup dans les secours en tout genre, reçu en différent tems et voulant mettre le gouvernement à même de les connaître.

Considérant que la gession des conseils généraux de la Commune relativement à cette comptabilité, est contenue dans le compte général présenté par le citoyen Rathier ex maire.

Considérant que de son apuration resulteront les renseignements nécessaires et demandés.

Arrete ouï le Suplent le Comissaire du pouvoir exécutif, qu'il sera nommé cinq comissaires pris hors de la Commune et adjoint à un des membres de l'administration pour examiner et ap... le dit compte, de suite on a procédé à la nomination les ch... se sont fixé sur les citoyens, *Manguin*, *Harel*, *Coulonge fils*, *Bietry* greffier de la justice de Paix et *Tiremois* Directeur de l'hôpital, lesquels ayant été invité de se rendre pour ratifier leur nomination ont accepté.

De suite sur l'observation d'un membre qui dit que l'administration municipale ne pourrait jamais choisir de moment plus favorable pour faire rentrer les billets patriotique emis par la Commune en différents tens, et avec plus de facilité pour les Payements. L'administration ouï le dit supléant le Comissaire du pouvoir exécutif, *arrete que passé le quinse ventos prochain les billets patriotiques de la commune n'auront plus cours.* Que cette disposition sera publiée et affichée dans le plus bref délai possible dans les cantons du ci devant districts de Mortagne et cantons environants comme Bellême, Mamers, Verneuil, Bonnétable et le Mesle.

Nommé pour recevoir les dits Billets Rathier fils, un de ses membres qu'il sera mis une somme de vingt mille livres à sa disposition, dont il rendra compte ainsi que des billets rentrés qui seront brulé en l'usage accoutumé.

Dont et du tout procès verbal a été fait et arrêté après lecture faite et signé par les membres de l'administration les dits jours, mois et an que dessus.

RATHIER fils, AUBERT, DUPONT,<br>GOHYER sup. le C<sup>re</sup> du P. exécutif.

Reg. G f° 32.

---

### N° 42

### 13<sup>e</sup> Brûlement de billets de la municipalité

En la Séance du 15 Pluviôs (an IV) ou étoient, Aubert Président, Dupont, Rathier fils et Gohier supléant le Commissaire du pouvoir exécutif.

Il a été procédé au désir de la loi du 8 9<sup>bre</sup> 1792 et de l'arrêté du 9 Pluviôs Présent mois au brulement de billets patriotiques de la Commune de *cinq sols, un sol, six deniers* en présence du public, pour la somme de *quatre cent quarante-huit livres, cinq sols* provenant de remboursement fait des deniers de la Commune et après avoir été compté et vérifié.

Dont procès-verbal a été fait et dressé le dit jours, mois et an que dessus pour servir et valoir.

RATHIER, AUBERT, DUPONT,<br>GOHYER, sup. le C<sup>re</sup> du P. exécutif.

Reg. G f° 34.

---

### N° 43

### 14<sup>e</sup> Brûlement de billets de la municipalité

En la séance du 16 Pluviôse ou étoient, les Citoyens Aubert et Rathier, Dupont et Gohyer tous administrateurs municipaux, et les C<sup>ens</sup> Bertro, Coru, Mathias Baril :

Il a été procédé au désir de la loi du 8 9<sup>bre</sup> 1792, et de l'arrêté du 9 Pluviôse, présent mois, au brulement de billets patriotiques de la Commune, de *cinq sols, un sol, six deniers* en présence du public pour la somme de *trois cent soixante neuf livre quinze sols*, provenant de remboursement fait des deniers de la Commune, et après avoir été compté et vérifié, dont procès-verbal a été fait et adressé le dit jours mois et an que dessus pour servir et valoire ce que de raison.

AUBERT, MATHIAS, DUPONT ad***,
GOHYER, suppléan le C*** du P* ex**.

*Reg. C f° 34.*

---

### N° 44

*15e Brûlement de billets de la municipalité*

En la séance du 24 Pluviose L'an 4 ou étois les Citoyens Rathier, Dupont, Aubert président, Gohier faisant les fonctions de Commissaires du pouvoir Exécutif, il a été procédé au désire de la loi du Huit Novembre 1792 et de la Rété du neuf pluviose présent mois au brulement de billet patriotique de cette commune, an billet de *cinq sol, un sols et six deniers*, en présence du public pour la somme de *six cent soixante-six livres cinq sols* provenant du remboursement fait des deniers de la Commune, et après avoir été compté et vérifié, dont procès-verbal à été fait vérifié et dressé le dit Jours l'an que dessus pour servire evaloire ce que deraison.

RATHIER fils, DUPONT ad***, AUBERT
et GOHYER suppléan du C** du P* Ex**.

*Reg. C f° 37.*

---

### N° 45

*16e Brûlement de billets de la municipalité*

En la séance du premier Germinal l'an 4e de la République Française, une et indivisible, oust etet les Citoyens Aubert président, Dupont, Rathier et Gohyer commissaires du pouvoir Exécutif, près l'administration municipal intra murose, il a été brulé en la Séance publique pour *sept cent cinquante sept livre quinze sols* de petit Billet de confiance de *cinq sols* et d'*un sols* et de *six deniers* qui avoient été émis en émicion pour le compte et profie de la Commune après avoire été comté et vérifier. Dont procest verbal a été dressé, le dit jours et an que desus pour servire et valoire ce que de raison.

    Rathier, Aubert, Gouyer Com<sup>re</sup> sup<sup>t</sup> du P<sup>r</sup> Ex<sup>if</sup>, Dupont.

*Reg. C f° 53.*

---

### N° 46

*Examen du compte de Rathier (extraits)*

En la Séance du 27 floréal an IV présidée par Aubert ou étoient Cochard, Dupont, Roussel administrateur et Desgrouas commissaire du pouvoir exécutif.

L'administration arrête ouï le Commissaire du Directoire la transcription du rapport présenté par les Commissaires chargé d'examiner le compte présenté par le citoyen Rathier ex maire avec l'arrêté de l'administration y relatif. Le treizième jour de pluviose an 4 de la République une et indivisible et jours suivants, nous Hurel Fossardière, Coulonge fils, Biétry greffier de la justice de paix, Tirenois directeur de l'Hopital, et Manguin directeur de la poste aux lettres, commissaires nommés par délibération de l'administration M<sup>ale</sup> de Mortagne intra muros du 9 du mesme mois, Pour l'examen et verification des comptes du Citoyen Rathier ex maire de la d. Commune de Mortagne, relatifs aux subsistances, *aux billets patriotiques*, à l'hopital et autres objets, Nous sommes assemblés dans l'une des salles de la d. administration, pour commencer nos opérations Et y procédant nous sommes occupés d'abord du compte relatif aux subsistances, dont tous les registres, papiers, Journeaux, Etats et pièces, nous ont été remis sous les yeux en présence du C<sup>ren</sup> *Rathier fils* fondé de procuration spéciale de son père qu'il nous a exhibée, que nous avons paraphée et qui est demeurée jointe au présent : après nous être concertés sur la manière dont nous procederions à l'examen de ce compte nous nous sommes décidés à suivre l'ordre d'un tableau servant de compte présenté par le citoyen Rathier fils et à vérifier chacune des liasses relatives à chacun des numéros du dit Tableau.

. . . . . . . . . . . . . . . . . . . . . . .

## Compte des billets patriotiques

Vérification faite de la 37e liasse relative au n° 37 dud. Tableau et notamment de la 50e et dernière pièce produite, elle présente la quantité de billets patriotiques, emis par la Commune pour les besoins de ses Concitoyens depuis le 10 Janvier 1792 jusqu'au 12 Germinal an 2e Laquelle quantité composée de Billets de 10 s., 5 s., 1 s. et 6 d<sup>s</sup>.

Monte à la somme de. . . . . . . . . . . . . . 86.022 fr. 16

Les délibérations du conseil Municipal des 10, 17 janvier 1792 et du Conseil Général du 1<sup>e</sup> 8<sup>bre</sup> suivant ont autorisé lad. Emission jusqu'à concurrence de 60.000 fr. celle du Conseil général du 24 dud. mois d'octobre a autorisé une autre emission de 10.000 fr. ce fait en tout 70.000 : *le Cyen Rathier nous a déclaré que le surplus montant à 16022 s. 16 a continué d'être émis au Noms et par les soins de la d. commune, et la rentrée autant qu'il s'en est présenté ainsi que la brulure ont été faites par elle, quoiqu'il n'existe aucuns arretés directs et relatifs mais ces faits sont a la Connaissance du public.*

Les dépenses pour impression, Griffe, frais de Bureau, Brulures et payements faits sur les mesmes billets pour *l'acquisition des Boucheries* par la ditte Commune faite au nom du C<sup>res</sup> Brad qui avoit contracté l'obligation de la remettre au profit de la ditte commune montant à la somme de . . .    68720<sup>l</sup> 3<sup>s</sup> 2<sup>d</sup>

Le C<sup>yen</sup> Rathier nous a déclaré que le
surplus montant à. . . . . . . . . . . .    17203<sup>l</sup> 12<sup>s</sup> 10<sup>d</sup>

A été employée *aux besoins de l'hôpital* ainsi qu'il le justifiera, à l'exception de 9 l. 4 s. 1 d. employé au service militaire.

En sorte qu'il résulte que la brulure d'après l'état et le registre de rentrée monte à 53.303 l. 16. *Ce qui laisse en émission une somme de 32.719 liv. des susdits billets.*

Nous observons que quoique le Registre contenant les dattes, et la quantité des billets, rentrés et brulés, ne sont pas signé par les officiers municipaux dalors néanmoins il est écrit en entier de la main de deux d'entre eux, à l'exception du d<sup>er</sup> art. écrit de la main du C<sup>en</sup> Rathier fils qui nous a déclaré l'avoir fait d'après l'invitation et sous les yeux d'un des deux officiers municipaux.

. . . . . . . . . . . .

*Rej. C f<sup>os</sup> 97 et 112.*

## N° 47

*Décharge donnée au citoyen Rathier*

En la séance publique du treize Pluviose an 5, présidée par le C&#42;&#42; Dupont ou étoient Aubert, Rathier fils, Roussel jeune et Cochard ad&#42;&#42;&#42; et Lange Commissaire du directoire Exécutif.

Vu la lettre du département de l'Orne en date du 11 de ce mois n° 203, contenant l'envoy du compte et pièces ci jointe relative a la gession que le C&#42;&#42; Rathier ex-maire a Euö en ce qui concernent les subsistances, *les billets patriotiques*, l'hopital et autres objets mentionnés au rapport des Commissaires nommés pour l'examen et verification du dit compte, et en la deliberation municipale de cette commune en datte du 27 floréal d&#42;&#42;, Ensemble l'arrêté du dep&#42;&#42; de l'Orne, étant à la suitte dud. Compte, raport et déliberation duquel arreto la teneur suit.

L'administration municipale arrette ouï le commissaire du directoire exécutif que le dit compte, rapport et arrêté du departement de l'Orne ensemble toutes les pièces justificatives du dit compte demeureront déposées aux archives de cette ad&#42;&#42; pour servir ce qu'il appartiendra, que décharge en est donnée au Citoyen Rathier ex maire.

COCHARD, DUPONT p&#42;&#42;, LANGE, AUBERT, ROMET, RATHIER.

*Reg. D f° 45.*

---

## N° 48

*Déclaration de l'actif et du passif de la commune de Mortagne*

Du dit jour 22 Pluviose an V.

Lecture donnée de la lettre du receveur des domaines à la résidence de cette commune en datte du vingt nivoso qui en vertu de la lettre du directeur de la Régie du 10 frimaire d&#42;&#42; demande l'Etat de l'actif et du passif de la Commune conformément à la loi du 24 Août 93. Le C&#42;&#42; Bavally lui annonçant par sa lettre du 14 Nivose qu'on ne peut aliéner au profit de l'hospice les maisons de saint françois et Boucheries avant d'avoir passé la ditte déclaration.

L'administration arrête ouï le Commissaire du pouvoir exécutif que la déclaration suivante de l'actif et du passif demandé, et présenté sur le bureau sera transcrit sur le registre et envoyé au Receveur des domaines pour par lui être remis au directeur de la Régie résidant à Alençon.

### Déclaration de l'actif

Sur les *quatre-ving six mille vingt deux francs seize sous* émis en Billets de confiance par la commune il y en a eu *cinquante six mille cent cinquante six francs et neuf sous de Brulé* jusqu'au 30 ventose de l'an 4 ce qui laisse en circulation ou a rentrer la somme de *vingt-neuf mille huit cent soixante dix francs sept sous*. Donc il reste en caisse en petits assignats sept mille cinq cent cinquante six francs dix huit sous six deniers, le reste a servi.

1° A acheter *les boucheries* la somme de Cinq mille vingt cinq francs.

2° A payer *les deux I*res *annuités, les réparations et les besoins de l'hospice, lors de sa translation à S*t *François* montant à dix sept mille deux cent quatre vingt quatre francs, huit sous, neuf deniers effectué du 23 7bre 1792 au 16 fructidor an 2.

Fait et arrêté le dit jour et an que dessus signé.

DUPONT procureur, RATHIER, AUBERT, ROMET jᵉ, COCHARD.

Reg. D f° 47.

-:- FIN -:-

Cachet de Delangle
Receveur du district de Mortagne
(Collection de M. Tournouër)

# ERRATUM

Page 27, ligne 13, *au lieu de :* altermoyer, *lire :* atermoyer.

# TABLE DES MATIÈRES

|  | Pages |
|---|---|
| I. — Assignats. — Billets de confiance.. . . . . . . . . | 1 |
| II. — Les émissions de Mortagne. . . . . . . . . . . . | 21 |
|     Appendice. . . . . . . . . . . . . . . . . . . . . | 46 |
|     Note sur les organisations successives des Corps administratifs de 1789 à 1800. . . . . . . . . | 48 |
|     Pièces justificatives. . . . . . . . . . . . . . . . | 52 |
|     Erratum. . . . . . . . . . . . . . . . . . . . . . | 91 |

PLANCHE I. — Billets de Mortagne (émissions de la municipalité).
PLANCHE II. —     —     (émissions particulières).
PLANCHE III. — Billets émis dans le district de Mortagne.

Bellême (Orne), imp. E. Levayer, 1, place au Blé

www.ingramcontent.com/pod-product-compliance
Lightning Source LLC
Chambersburg PA
CBHW070251100426
42743CB00011B/2221